# 积极心理学与大学生心理健康研究

徐长忠　刘丽丽 ◎ 著

吉林出版集团股份有限公司

图书在版编目（CIP）数据

积极心理学与大学生心理健康研究 / 徐长忠，刘丽丽著． — 长春：吉林出版集团股份有限公司，2022.10
ISBN 978-7-5731-2493-7

Ⅰ．①积… Ⅱ．①徐… ②刘… Ⅲ．①大学生－心理健康－健康教育－研究 Ⅳ．①G444

中国版本图书馆 CIP 数据核字 (2022) 第 190191 号

## 积极心理学与大学生心理健康研究

| 著　　者 | 徐长忠　刘丽丽 |
| --- | --- |
| 责任编辑 | 陈瑞瑞 |
| 封面设计 | 林　吉 |
| 开　　本 | 787mm×1092mm　　1/16 |
| 字　　数 | 230 千 |
| 印　　张 | 10.25 |
| 版　　次 | 2022 年 10 月第 1 版 |
| 印　　次 | 2022 年 10 月第 1 次印刷 |
| 出版发行 | 吉林出版集团股份有限公司 |
| 电　　话 | 总编办：010-63109269 |
|  | 发行部：010-63109269 |
| 印　　刷 | 廊坊市广阳区九洲印刷厂 |

ISBN 978-7-5731-2493-7　　　　　　　　　　　　　　定价：68.00 元

版权所有　侵权必究

# 前　言

积极心理学是新兴的心理学研究领域，将其应用于贫困大学生教育，具有较强的实效性。贫困大学生作为特殊的弱势群体，承受着多重压力，更容易产生不同程度的心理问题。从积极心理学的视角出发，关注贫困大学生的心理状况，需培养积极心理学理念的教师队伍、建立贫困大学生心理状况信息库、加强贫困大学生积极心理学教育，以期帮助贫困大学生有效改善心理状况、提升心理素质。

作为新兴的心理科学，积极心理学主张通过对情感体验、人格特质和社会环境等积极品格进行研究，从而挖掘出可以有效解决当前大学生心理健康问题的措施。大学生心理健康教育作为高等教育体系中的重要环节，为了促进大学生的心智共同发展，当前的核心工作是，各高等教育机构应当重视大学生心理健康教育工作，通过引入积极心理学的价值观念，塑造大学生的积极心理品格，最终实现其全面发展。

本书有两大特点值得一提：

第一，本书结构严谨，逻辑性强，以积极心理学发展为主线，对积极心理学与大学生的心理健康进行了探索。

第二，本书理论与实践紧密结合，对于积极心理学与大学生的心理健康发展教育提供了路径和方法，以便学习者加深对基本理论的理解。

笔者在撰写本书的过程中，借鉴了许多前人的研究成果，在此表示衷心的感谢。由于积极心理学与大学生的心理健康涉及的范畴比较广，需要探索的层面比较深，笔者在撰写的过程中难免会存在一定的不足，对一些相关问题的研究不透彻，提出的积极心理学与大学生的心理健康的教育提升路径也有一定的局限性，恳请前辈、同行以及广大读者斧正。

# 目 录

## 第一章 积极心理学 ·································································· 1
### 第一节 积极心理学的启示 ················································· 1
### 第二节 揭开积极心理学的面纱 ·········································· 2
### 第三节 积极心理学的理念及发展趋势 ································ 3
### 第四节 积极心理学发展研究 ············································ 11

## 第二章 积极心理学的思想政治教育 ···································· 13
### 第一节 积极心理学视角与高校思想教育 ··························· 13
### 第二节 积极心理学的思想政治教育价值 ··························· 15
### 第三节 积极心理学与思想政治教育之间的契合研究 ··········· 21
### 第四节 积极心理学融入农村大学生思想政治教育的思考 ···· 23

## 第三章 基于积极心理学的德育教育 ···································· 28
### 第一节 基于积极心理学的德育课程实践 ··························· 28
### 第二节 基于积极心理学的中小学校德育探究 ···················· 30
### 第三节 基于积极心理学的班主任德育管理案例 ················· 35
### 第四节 基于积极心理学的我国德育目标的变革研究 ··········· 36
### 第五节 生命教育的反思与建构——基于积极心理学的诠释 ··· 39

## 第四章 积极心理学在教育领域的运用 ································ 44
### 第一节 积极心理学与初中语文教学 ·································· 44
### 第二节 积极心理学团体辅导研究综述 ······························· 49
### 第三节 基于积极心理学的高中德育研究 ··························· 52
### 第四节 积极心理学在教学中的运用 ·································· 57

第五节　积极心理学视角下的班级管理 ……………………………………… 61

## 第五章　心理健康教育 …………………………………………………………… 69

  第一节　撬动心理健康教育的支点 ………………………………………… 69
  第二节　如何优化心理健康教育 …………………………………………… 75
  第三节　普通高中生的心理健康教育 ……………………………………… 77
  第四节　"学困生"心理健康教育初探 …………………………………… 79
  第五节　浅谈学生的心理健康教育 ………………………………………… 84

## 第六章　大学生心理教育 ………………………………………………………… 93

  第一节　大学生心理教育杂谈 ……………………………………………… 93
  第二节　高职大学生心理教育个案研究 …………………………………… 95
  第三节　关于网络环境下的大学生心理教育研究 ………………………… 98
  第四节　自媒体背景下大学生心理教育探究 ……………………………… 100

## 第七章　大学生心理健康教育 …………………………………………………… 103

  第一节　大学生心理健康教育创新与实践 ………………………………… 103
  第二节　家校合作构建大学生心理健康 …………………………………… 111
  第三节　大学生与心理健康 ………………………………………………… 115
  第四节　大学生心理健康影响因素分析 …………………………………… 118
  第五节　高校大学生心理健康研究 ………………………………………… 121

## 第八章　大学生积极心理学教育 ………………………………………………… 125

  第一节　积极心理学与大学生心理健康教育 ……………………………… 125
  第二节　基于积极心理学的大学生心理品质培养体系的构建 …………… 127
  第三节　基于积极心理学的大学生心理危机干预策略探究 ……………… 129
  第四节　浅谈积极心理学视野下的大学生心理健康教育 ………………… 133
  第五节　积极心理学视角下的大学生心理健康教育探索 ………………… 136

## 第九章 积极心理学下大学生心理健康教育模式研究 ·················· 140

### 第一节 互联网时代大学生心理健康教育创新模式研究 ············· 140
### 第二节 积极心理学视阈下大学生心理健康教育创新模式研究 ············ 142
### 第三节 积极心理健康理念下的大学生心理健康教育教学模式的应用研究 ··· 145
### 第四节 积极心理学视角下大学生心理健康教育课程教学设计研究 ·········· 148
### 第五节 积极心理学视角下大学生心理健康教育课程优化研究 ············· 150

## 参考文献 ············································ 154

# 第一章　积极心理学

## 第一节　积极心理学的启示

被称为积极心理学之父的美国心理学家马丁·塞利格曼(Martin E.P.Seligman)在1998年《APA Monitor Online》的一篇文章中指出，心理学有3个使命：（1）研究消极心理，治疗精神疾病；（2）让所有的人生活得更加充实有意义；（3）鉴别和培养天才。过去心理学偏重第一项的研究，而忽略了后两项使命。

积极心理学主张研究人的力量和优秀品质、发掘人类自身拥有的潜力和力量，主张帮助普通人更好地生活，让具有天赋的人的潜能得到充分发挥。黄冈中学袁新意校友的成长路程，在我看来，就是关于鉴别和培养天才的完美践行，从一个出身于偏远小山村热爱数学的小男孩，到最后成为国际上杰出的数学家，袁新意是天才成长的一个绝佳典范。

国外关于天才的研究表明，天才儿童除了在自己具有天赋的领域有很强的成就动机和坚持性之外，天才的产生与父母和家庭环境很有关系，天才常常是在富裕的、并有丰富的智力或者是艺术刺激的家庭中产生。在探索天才到底如何长成的过程中，我也发现一个有趣的事情，黄冈中学之所以出名，原因之一就是培养那些具有天赋的学生。因此，黄冈中学曾经获得奥赛奖牌的数量相比国内其他中学多得多，并且这些学子多数出自寒门，父母所受教育程度并不高，比如袁新意，来自中国大别山的乡村，家庭并不能给予他在学业上以实际的帮助，但这些孩子依然在他们的领域有非凡的成就。

到底是什么成就了这些天才？这让我想到另一件事情。

2016年7月份在世界首届积极教育大会上，我见到了《Grit》（《坚毅》）的作者Angela Duckworth。从2005年开始，Angela Duck worth一直致力于研究性格对于成功起到的作用。她对数以千计的高中生进行了调研，并对西点军校、全美拼字比赛冠军、美国国内一流大学等进行了观察和分析，她发现：无论在何种情况下，比起智力、学习成绩或者长相，坚毅（Grit）是最为可靠的预示成功的指标。"向着长期的目标，坚持自己的激情，即便历经失败，依然能够坚持不懈地努力下去，这种品质就叫作坚毅。"Angela Duck worth在2013年TED演讲时，这样定义Grit（坚毅）。正是因为在大会上受到的启发，我突然意识到黄冈中学校友身上普遍具备这样的品质。

关于天才的培养，仁者见仁智者见智。我认为主要有三个因素，首先，同意前面关于天才培养研究里说的，天才孩子在自己具有天赋的领域有很强的成就动机，同时，这种成功的个人体验也会促使他们追求更多自我满足的体验；其次，他们具备的优势和品质，比如坚毅的品质，为成功提供了保障；最后，所处的学习环境（特别是学校），比如黄冈中学培养有天赋的学生的科学机制以及平台，帮助这些学生在他们具有天赋的领域走向成功。

## 第二节 揭开积极心理学的面纱

积极心理学作为心理学的新兴学科，被多个国家和地区所推崇。本研究通过对积极心理学的兴起、主要特征、研究主题以及治疗观进行多方面的解读这门新兴学科。并与被称为心理学"第三势力"的人本主义心理学进行比较，进一步分析积极心理学与人本主义心理学的异同，达到对积极心理学更深层次的认识。

### 一、积极心理学

积极心理学(positive psychology)这个词最早于1954年出现在A. H. Maslow的著作《动机与人格》中，当时该书最后一章的标题为"走向积极心理学"。赛利格曼于2000年在《美国心理学家》上刊登的《积极心理学导论》一文中正式提出："积极心理学是致力于研究人的发展潜力和美德的科学。"2002年，斯奈德和洛佩兹主编的《积极心理学手册》的出版正式宣告了"积极心理学"开始作为一门独立学科存在。

目前关于积极心理学的研究，主要集中在研究积极的情绪和体验、积极的个性特征、积极的心理过程对于生理健康的影响以及培养天才等方向。一些学者认为，积极的情绪和体验、积极的人格特征和积极社会环境是积极心理学研究极其关注的问题(苗元江，余嘉元，2003；任俊，叶浩生.2005)。而无论积极心理学有哪些研究主题，它都有以下特点：关注人的发展与人的价值展现，强调一种积极正面的价值取向，以科学实证为主要研究方法。

### 二、人本主义心理学与积极心理学

1961年创建的《人本主义心理学杂志》和1962年成立的"美国人本主义心理学协会"标志着人本主义心理学的诞生。人本主义心理学代表人物有马斯洛、罗杰斯、戈尔德斯坦等。它主要研究人的内心生活体验，看重人的积极面，强调对人的尊重，以人的自我实现为核心，强调人性的优点和价值，探索出人类的美德、爱、宽恕、感激、智慧、控制和乐观等。

积极心理学充分注意到被人本主义心理学所忽视的人的个性、价值和创造性所依赖的社会环境和历史制约性。它的研究对象主要集中在积极的情绪和体验、积极的人格特征、积极情绪与健康等方面。人本主义学家存在以意识经验现象学分析来反对实证的主流心理学的倾向性。而积极心理学拓展了人本主义心理学家长期感兴趣的许多类似问题，把那些难以量化和实证的研究对象与内容具体化，并进行实验或实证性的研究。

积极心理学和人本主义心理学虽然关注共同的研究主题，但是它们以不同的路径对于人类的积极本性进行探究。积极心理学所关注的是在一个群体中所呈现出来的积极的感受及其特征，所以通过大样本的测量以及对这些测量数据的分析考察影响人们主观感受的因素，而人本心理学则关注每一个人的内心感受，因而对少量人所作的描述进行深入分析和探究成为他们主要方法。两种路径各有侧重，也各有自己适用的范围。随着这"两种积极心理学"对话的不断深入，进一步促进两者的健康发展和整个心理学领域的繁荣进步。正如 Robbins 所指出的"积极心理学运动无论出于什么原因或意图整合人本主义观点，对于人本主义心理学来说都是一件积极的事，因为它提供了一个新的机会来揭示出了人本主义心理学长期为心理学所作出的贡献"。

## 三、积极心理学的治疗观

积极心理学主要有以下观点：心理治疗不是修复受损部分，而是培育人类最好的正向力量；对积极的力量培育与强化来取代个案的缺陷修补；发挥人类正向或积极的潜能，如幸福感、自主、乐观、智慧、创造力、快乐和生命意义等。积极心理治疗过程中主张运用直觉与想象。通过运用故事作为治疗者与患者之间的媒介，强调激发患者的主观能动性，使患者最终成为环境的积极治疗者。

积极心理治疗相对于人本主义治疗的创新主要表现在跨文化疗法。人本主义治疗是和来访者在同一种文化层次上谈论问题，而积极心理治疗则主张用一种更合理的、更积极的文化对被治疗者的问题做出分析。人本主义"来访者中心"疗法的核心概念是治疗对来访者的移情，通过"移情"来达到治疗双方在存在问题上的沟通，而积极心理治疗则是反移情，即让被治疗者来体会治疗者的积极人生和积极情感而被激发起自身的积极能力，并在此基础上双方最终达成共识，这样被治疗者原有的观念就被新的积极的观念所代替，从而当事人也就能够保持自己的身体和心理潜能。

# 第三节 积极心理学的理念及发展趋势

进入 21 世纪以来，以 Seligman 和 Csikszentmihalyi《积极心理学导论》为标志，积极心理学突露锋芒，以锐不可当之势迅猛发展，矛头直指过去近一个世纪中占主导地位的消极心理学模式，给似乎有些沉闷的心理科学带来新的冲动和活力。他们宣称："当代心理学正处在一个新的历史转折时期，心理学家扮演着极为重要的角色和新的使命，那就是如何促进个人与社会的发展，帮助人们走向幸福。使儿童健康成长，使家庭幸福美满。使员工心情舒畅，使公众称心如意。"在过去的近一个世纪中，心理家的注意力集中于消极心理学研究，局限在对人类心理问题、心理疾病诊断与治疗，消极取向的心理学成为主导性模式，缺乏对人类积极品质研究与探讨，由此造成心理学知识体系上的巨大"空档"，限制了心理学的发展与应用，积极心理学呼吁：心理学应该转换为研究人类优点的新型科学，必须实现从消极心理学到积极心理学模式的转换，必须研究人类的积极品质，关注人类的生存与发展。并以全新的理念，开放的姿态，科学的行动，诠释与实践心理学。

## 一、当代心理学的积极转向

积极心理学矛头直指消极心理学，向统治了近一个世纪的消极心理学模式提出怀疑与挑战，积极心理学倡导心理学研究积极取向，关注人类积极的心理品质，强调人的价值与人文关怀，以一种全新的姿态诠释心理学。积极心理学在主观水平上涉及有价值的主观体验，诸如幸福感、满足和满意、希望和乐观、充盈和快乐。在个体水平上，涉及积极的人格品质，爱、勇气、人际关系技能、审美力、创造力、对未来的憧憬、洞察力、才能和智慧。在群体水平上，涉及公众品质：责任、利他、关爱、文明、现代性、容忍力及职业道德。积极心理学并不是不研究消极心理学以及人的心理问题与疾病，但是它更加强调研究人性的优点与价值，从更广阔的层面来说，积极心理学研究包括工作、教育、洞察力、爱、成长与娱乐，它探索美好的生活以及获得美好的生活生活的途径与方法，它采取更加科学的方法与技术来理解人类复杂的行为，它的目的就是要开发人的潜力、激发人的活力，促进人的能力与创造力，并探索人的健康发展途径。显而易见，积极心理学就是要以科学的方法研究人性中的积极层面，并力图促进个人、社会以及整个人类的进步和发展。积极心理学一针见血地指出消极心理学模式的种种弊端和困境，首先，消极心理学模式限制了心理学研究的视野，导致消极心理学模式的霸权主义。在过去的近一个世纪，消极心理学模式一手遮天，占据主导地位，心理学在某种程度上，几乎成为"消极（病理或变态）心理学"的代名词。据有关的 OVID 搜索发现，错误和偏差远多于优点与价值，晚近的 Myers 和 Diener 文献回顾发现：心理学文献过分集中在个人生活的消极层面，心理科学中关于消极心理研究的论文远远超过研究积极心理状态的论文，这个比率高达 17：1；其次，消极心理学模式把心理学家注意力引向人类心理的消极层面，导致心理学的畸形发展。消极心理学家的研究焦点和兴趣过分地集中在心理疾病的诊断与治疗，这种过分局限的消极心理学取向的模式，忽视与漠视个人的积极品质、自我实现以及社会的发展。马斯洛很早就指出："如果一个人只潜心研究精神错乱者、神经病患者、心理变态者、罪犯、越轨者和精神脆弱者，那么他对人类的信心势必越来越小，因此对畸形的、发育不全的、不成熟和不健康的人进行研究，就只能产生畸形的心理学和哲学。"过去，大多数研究者受到的是消极心理学的训练和熏陶，导致对消极心理模式情有独钟，很少研究者研究人格成长，幸福感以及增进幸福感；最后，消极心理学模式泛滥扩张，导致了现代心理学知识体系的"巨大空档"以及"心理科学的贫困"。20 世纪，心理学取得空前的发展，正当心理学家为此欢呼雀跃的时候，蓦然回首，却发现现代心理学知识体系上存在重大的缺陷，心理学对人类积极品质的知识几乎是空白。Kennon M.Sheldon 和 Laura King 在其《为什么需要积极心理学》论文中指出："非常遗憾，心理学家对如何促进人类的繁荣与发展知之甚少，一方面是对此关注不够，另一方面，更重要的是他们戴着有色眼镜妨碍了对这个问题的价值的认识，实际上，关注人性积极层面更有助于深刻理解人性。"越来越多的心理学家认识到，消极心理学取向的研究模式不可能真实、全面地理解与解释人的本质，越来越多的心理学家也意识到，心理学不仅是应该着眼于心理疾病的矫正，而且更应该研究与培养积极的品质。越来越多的心理研究发现：幸福、发展、快乐、满意是人类成就的主要动机，人类的积极品质是人类赖以生存与发展的核心要素，心理学需要研究人的光明面，需要研究人的优点与价值。实际上，发展人性的优点比修复疾病更有价值，这些内容必须纳入现代心理学的研究视野。正是出于对消极心理学模式种种弊端的不满和反抗，作为回应，从 20 世纪 60 年代开始，一些心理学研究者开始探索和研究人的积极层面，有关的论著、个案研究以及实验研究都大大地推动了积极心理学的发展。研究主题涉及：主观幸福感、心理幸福感、快乐、幸福、满意、士气、正性情感、负性情感、情绪平衡、兴高采烈、幸福觉察、主观福利、主观不幸福、可感性生活质量等等。在某种程度上反映了积极心理学不断增长的意识，无论什么理由，这个领域开始出现萌芽。特别是 1960 年的人本主义思潮，以及其所激发的人类潜能运动，产生了巨大的思想冲击，为现代积极心理学的崛起奠定了理念基础。最近，心理学家通过 Psychinfo 进行搜索发现：幸福感与快乐，但积极的心理适应会渗透于整个人生。根据大量的成年群体研究，Vaillant 总结出成熟防御的贡献，利他、升华、压抑、幽默和期望这些机制会产生成功与快乐，他的基本观点是成熟功能、创造性及积极的行为适应。这些研究者都认为，促进心理健康是心理学的科学、合理目标但尽管同样是研究心理健康，其视角与目标和消极心理学是大相径庭的积极心理学，是强调从正面而不是从负面来界定与研究心理健康。他们更关注积极心理品质培养，而不是消极的心理疾病的矫正，他们认为，心理学的注意力应该放在人类积极的层面，而不是消极层面。这样会产生更有价值的知识，并拓展心理学的应用范围。

## 一、积极心理学的发展态势

积极心理学与其说是一个完善的心理科学体系，倒不如说是一个有待开拓的处女地在过去的几十年里，积极心理学羽毛渐丰，终于与消极心理学分庭抗礼，进而取而代之，成为现代心理学新的研究思潮，但要完善积极心理学思想建构积极心理学体系，发展积极理学技术，促进积极心理学应用，显然，还有很长一段路程要走。首先，拓展积极心理学研究领域，第一个研究方向是以主观幸福感为核心的积极心理体验。Daniel Kahneman 指出，目前体验的快乐水平是积极心理学的基本建构基础。包括主观幸福感，适宜的体验，乐观主义,快乐等等，正如 Diener 所言，虽然人们已经对幸福的产生与发展过程有了相当的了解，但幸福主题本身仍然存在众多值得研究的地方。特别在我国，幸福感研究刚刚起步，这方面更有待开拓；第二个方向是塑造积极的人格品质，这是积极心理学的基础，积极心理学要培养和造就健康人格，个体的人格优势会渗透着人的整个生活，产生长期的影响。这种研究途径的共同要素是积极人格、自我决定、自尊、自我组织自我定向，适应智慧，成熟的防御，创造性和才能；第三个方向应该注意到人的体验、人的积极品质与社会背景的联系性，必须把人的素质和行为纳入整个社会生态系统考察，因此积极心理学需要综合考察良好的社会、积极的社区以及积极的组织对人的积极品质的影响，发展着的社会背景建构着人的素质，社会关系、文化规范与家庭背景在人的心理发展中具有重要影响。因此，不能够脱离人们的社会环境孤立地研究积极心理；其次，发展积极心理学研究技术。积极心理学不仅需要良好的愿望、信念、激情，它更应该也必须采取科学的方法与技术理解人类复杂的行为。

积极心理学就其思想、源头，与"第潮"马斯洛罗杰斯等人本主义心理学有着很深的渊源，人本主义对壁垒森严的临床心理行为主义提出了挑战与质疑，为心理学提供了一个崭新的视角，但人本义由于没有实证科学的积累而限制了其应用与发展。现代积极心理学则是以科学的实证研究为基础的研究体系，它强调与崇尚人文精神与科学技术的统同时，它也强调对消极心理学的扬弃，而不是全盘否定积极心理学与消极心理学有着很深的历史联系，在某种程度上可以说，积极心理学是在消极心理学体系的基础上发展起来的，因此，它有义务和责任继承和发展消极心理学几十年来发展起来的分类标准，标准化测量工具，严密的实验设计技术，以及卓有成效的心理干预技术，并服务于积极心理学的研究目的同时，积极心理学在过去几十年中，也积累与创造了众多的研究工具与干预技术，为积极心理学的发展提供了强大的后盾。因此必须重视人文精神与科学实证的统一，技术继承与发展创新的统一，建构富有价值和效率的积极心理学体系，从而更有效地服务于人类与社会第三，促进人类生存与发展。积极心理学以促进人类发展为己任，它认为，心理科学应该注重心理疾病，在积极性心理学模式与消极心理学模式的对抗与较量中，彼消此长，积极心理学的萌芽不断壮大，逐渐成长。因为越来越多的心理学研究发现，人性中的优点是对抗心理疾病重要的调节与缓冲器，开发与培养人性的优点，促进人的健康成长等等，已成为当代心理学知识新的增长点与兴奋点，在这种思想与观念影响下，积极心理学思潮终于汇集成汹涌喷涌的时代潮流，在千禧年新世纪伊始，终于爆发出来。美国心理学家Seligman 和 Csikszen tmihalyi 联名《在美国心理学家》杂志发表的《积极心理学导论》，既是对前期积极心理学发展的总结，同时又吹响了积极心理学进军的号角，"积极心理学"作为心理学的一个思想、一个概念、一种理念、一种技术、一种行动，引起了巨大反响。正是"忽如一夜春风来，千树万树梨花开"，积极心理学终于凌空出世，高举旗帜，统一了早期分散在心理学各领域中有关的积极心理研究力量，并且站在一个新的高度总结前期研究成果，并促进该领域研究向更深入、更广阔的方向发展。从此，揭开心理学从消极心理学模式向积极心理学模式转折的历史序幕，宣告一个新的时代——积极心理学时代的来临。

## 二、积极心理学理论的基本框架

积极心理学体系中最重要的是 Diener 所引导的主观幸福感领域的研究。主观幸福感是试图理解人们如何评价其生活状况心理学的研究领域，其是人们根据内化了的社会标准对自己生活质量的肯定性的评估，并由此而产生的积极性情感占优势心理状态。主要有三个组成部分：生活满意、高水平的正性情感和低水平的负性情感。主观幸福感研究关注人们积极心理状态——主观幸福感水平的差异，其研究涉及主观幸福感的本质、影响因素、心理机制，评估以及如何增进人们的幸福感等。实际上，主观幸福感研究领域是在消极心理学的土壤中生长起来的积极心理学的种子，与健康心理学有着密切的联系。Diener 认为：心理健康的三个重要标志：其一是主观性。心理健康是个人的主观体验，客观条件只作为影响主观体验的潜在因素，其二是积极方面。心理健康并非仅仅是消极因素较少，同时也是积极因素较多；其三是多维性。心理健康应包括个人生活的各个层面。根据他的观点，后来的研究者把心理健康分为正负两个重要方面，传统的心理健康研究与评定实际上是一种消极取向模式的心理学，主要研究"不健康"或者病态，而不是研究健康状态。而主观幸福感则是从相反的方向，也即从积极的层面来研究与探讨心理健康问题。但其早期仅仅被视为传统心理学目的的附属和补充，后来逐渐发展成为心理健康研究富有生命力的新方向。而如今，研究者越来越多地使用主观幸福感指标作为心理状况的重要指标，Cnaan，Blankertz，Messinger 和 Gardner 认为：促进幸福感应该是心理健康的主要目标。心理疾病患者康复的基本目标之一应该是主观幸福感水平的提高。Anthony，Cohen 和 Farkas 也尖锐地指出：把心理健康的操作性定义和测量局限在没有精神疾病，这是不公平的。精神症状的消失和康复的结果是产生幸福感，仅仅是使用精神症状测量的作为心理健康评价指标是不科学的。正是这些认识，促进了主观幸福感在心理健康研究中的应用，并且已经从个别的评估演化为普遍趋势，这种趋势在最近 20 年间持续不断地增长着。实际上，主观幸福感研究的兴起反映了从 ill-being 取向到 well-being 取向模式的转换，也即从消极心理模式向积极心理模式的深刻变革。这点，对我国方兴未艾的心理健康运动来说，显然极具启迪意义。另外一个积极心理学研究领域是 Ryan 和 Deci 的自我决定理论。Ryan 和 Deci 讨论了积极心理学的其他中心问题，其定义一方面包括自我实现，另一方面试图指明自我实现的意义以及如何实现。自我决定理论涉及人的三个基本需要：能力需要、关系需要、自主需要，这些需要满足导致人们幸福感和社会发展，支持自主、能力与关系的社会能够促进个人发展。他们认为：三种基本的心理需要（自主、能力和关系）的满足会促进人的发展，因此被看作是人本质的生活目标。在他们看来，基本需要不仅仅是心理发展的最低要求，同时也是社会环境必须提高给人们以促进其茁壮成长和心理学发展的基本养料，阻碍这些需要满足不管在什么社会与文化背景都会导致消极的心理后果。Ryan 等指出：只有一种方法可以促进人们的健康发展，那就是重视个人成长、自主、良好的友谊和社会服务，不断努力追求内源性目标，所谓"好的生活"就是个体为其个人成长、独立、与他人深厚的友谊和社会服务的努力过程。而另一位心理学家 Ruff 根据人类发展模式提出多维模型，包括：（1）自我接受，积极的自我评价及对个人过去生活的接受；（2）人格成长，不断成长和成为自己的感觉，（3）生活目的，相信自己的生活目的和意义、良好关系。与他人关系的质量；（4）情境把握，能够有效处理个人生活与情境的能力；（5）独立自主，自我决定的感觉。

　　这些研究取向的共同点，就是强调人格成长、自我决定，友好关系，社会贡献对个人与社会的意义，而良好的社会也有责任和义务促进个人的发展，从而把积极心理学的视野导向一个开阔与深刻的境界。积极心理学的其他研究思路有 Lyubormirky 等开辟的认知方向研究。她从积极的认知角度发展了积极心理学体系。她认为，人不是被动地体验事件和环境，恰恰相反。所有的生活事件都是"认知过程"是个体的分析和建构，预期与回忆，评价与解释过程，多样化的认知操作与动机过程对人的心理具有重要的影响。认知理论包括选择模型、保护水平、目标理论、社会比较和应对方式理论，这些均涉及主观的认知心理过程。这些过程通过控制人—环境反应方式，并调节着环境影响。有关的认知研究发现，人们对常规和非常规的事件两者的反应导致不同的幸福感水平。例如，幸福者通常具有：（1）具有更乐观的策略和性格；（2）倾向于用积极的方式建构生活情境；（3）预期未来适宜的生活环境；（4）感觉能够控制自己的收入；（5）对自己的能力与技能拥有自信，另外，并能够化消极为积极，并思考自我以及与自我有关的问题。Folkman，Ryff，Taylor 和 Aspinwall 则描述了人们应付问题的认知与动机过程，发现积极与有意识良好方式对人的心理健康极有价值。诸如（1）积极幻觉显现；（2）从消极事件吸取积极的意义；（3）应用幽默、信念、意志应付困难；（4）不钻牛角尖；（5）用适合的方式进行社会比较。所有这些，均能够减少应激并促进心理健康。因此，理解人的认知差异具有重大理论与实践意义，这种研究途径为实施积极的心理调控与干预提供了一个有效的方向和可行的策略。Salovey 等对消极心理学研究模式进行了反思。他们认为，过去大量的研究集中在消极情绪如何促使疾病的发展。而没有关心积极的情绪如何增进健康。积极的情绪具有重要的价值（这是一个众所周知但心理学却研究甚少的主题）。而实际上，积极的情绪具有更好的预防与治疗效果，这里既有直接效果——促进人体免疫系统发展，也有间接效果——增强心理统摄、社会资源利用、健康行为促进。他们的系列研究证实了乐观与希望能够有效地增进健康。

　　Shelley Taylor 及其合作者认为乐观信念能够保护人们免除疾病，例如，在 AID 疾病研究中发现，乐观者病理症状更晚出现，生存期也更长，乐观者更可能寻求良好的健康行为与社会支持，积极的情绪状态能够防止疾病的发生。Taylor 的研究思路对于预防与改善健康具有重要的价值。George Vaillant 则认为：没有人能够在一生中都没有痛苦。都体验快乐，但积极的心理适应会渗透于整个人生。根据大量的成年群体研究，Vaillant 总结出成熟防御的贡献，利他、升华、压抑、幽默、期望这些机制会产生成功与快乐，他的基本观点是成熟功能、创造性、积极的行为适应。这些研究者都认为，促进心理健康是心理学的科学、合理目标。但尽管同样是研究心理健康，其视角与目标和消极心理学是大相径庭的。积极心理学是强调从正面而不是从负面来界定与研究心理健康。他们更关注积极心理品质培养，而不是消极的心理疾病的矫正，他们认为，心理学的注意力应该放在人类积极的层面，而不是消极层面。这样会产生更有价值的知识，并拓展心理学的应用范围。

## 三、积极心理学的发展态势

积极心理学与其说是一个完善的心理科学体系，倒不如说是一个有待开拓的处女地。在过去的几十年里，积极心理学羽毛渐丰，终于与消极心理学分庭抗礼，进而取而代之，成为现代心理学新的研究思潮，但要完善积极心理学思想，建构积极心理学体系，发展积极心理学技术，促进积极心理学应用，显然，还有很长一段路程要走。首先，拓展积极心理学研究领域，第一个研究方向是以主观幸福感为核心的积极心理体验。Daniel Kahneman指出，目前体验的快乐水平是积极心理学的基本建构基础，包括主观幸福感，适宜的体验，乐观主义，快乐等等。正如Diener所言：虽然人们已经对幸福的产生与发展过程有了相当的了解，但是幸福主题本身仍旧存在众多值得研究的地方。特别在我国，幸福感研究刚刚起步，这方面更有待开拓。第二个方向是塑造积极的人格品质，这是积极心理学的基础，积极心理学要培养和造就健康人格，个体的人格优势会渗透着人的整个生活空间，产生长期的影响。这种研究途径的共同要素是积极人格、自我决定、自尊、自我组织自我定向，适应、智慧、成熟的防御，创造性和才能。第三个方向应该注意到人的体验、人的积极品质与社会背景的联系性，必须把人的素质和行为纳入整个社会生态系统考察。因此，积极心理学需要综合考察良好的社会、积极的社区以及积极的组织对人的积极品质的影响，发展着的社会背景建构着人的素质，社会关系、文化规范与家庭背景在人的心理发展中具有重要影响。因此，不能脱离人们的社会环境孤立地研究积极心理。其次，发展积极心理学研究技术。积极心理学不仅需要良好的愿望、信念、激情，它更应该也必须采取科学的方法与技术理解人类复杂的行为。积极心理学就其思想、源头，与"第三思潮"马斯洛、罗杰斯等人本主义心理学有着很深的渊源，人本主义对壁垒森严的临床心理学和行为主义提出了挑战与质疑，为心理学提供了一个崭新的视角，但人本主义由于没有实证科学的积累而限制了其应用与发展。现代积极心理学则是以科学的实证研究为基础的研究体系。它强调与崇尚人文精神与科学技术的统一。同时，它也强调对消极心理学的扬弃，而不是全盘否定。积极心理学与消极心理学有着很深的历史联系，在某种程度上可以说，积极心理学是在消极心理学体系的基础上发展起来的，因此，它有义务和责任继承和发展消极心理学。

几十年来发展起来的分类标准，标准化测量工具，严密的实验设计技术，以及卓有成效的心理干预技术，并服务服积极心理学的研究目的。同时，积极心理学在过去几十年中，也积累与创造了众多的研究工具与干预技术，为积极心理学的发展提供了强大的后盾。

因此，必须重视人文精神与科学实证的统一，技术继承与发展创新的统一，从而建构出富有价值和效率的积极心理学体系，从而更有效地服务于人类与社会。第三，促进人类生存与发展。积极心理学以促进人类发展为己任，它认为，心理科学应该理解人是什么以及人可以成为什么？心理学不是静态的、封闭的研究体系，从本质上所说，它必须肩负起人类生存与发展的重担。因此，从某种意义上说，积极心理学已经超越了学科发展的范畴，而融入社会发展的洪流中。当代"以人为中心"的发展观认为：以人为中心的多目标、多方面的发展观，正在取代以物为中心的增长观。发展是为了一切人和人的全面发展。人的发展是发展的根本动力，离开了人的发展，发展就无以为继，事实上在西方发达国家，生活标准在提高，但生活质量并不一定同时在提高，人们的幸福感、满足感、创造力并不一定同时在。提高，在发展进程中，出现了全球性的精神危机、拜金主义、纵欲主义、极端的个人主义、精神空虚、信仰危机等，因此，阿玛达尔·森指出，经济发展并不能自然而然给全体社会成员带来生活质量的改善，对经济发展的最终检验，不是普通的物的指标，而是人的发展程度发展的状态不仅是一种物质状态，也是一种精神状态。因此必须提高人的能力、选择与贡献。自觉克服现代化进程中的负面影响，重建人类的新人文精神，最终实现人类的可持续发展，是时代对现代心理学提出的新课题。积极心理学重视人性中积极方面，研究人的优点和价值，关注正常人的心理机能，将导致心理科学对人性更科学的理解以及更有效的干预，从而促进个人、家庭与社会的良性发展。

积极心理学的崛起，使得心理学家能够采取更加开放的姿态，并把注意力转移到人的潜能、动机、能力、幸福、希望等积极品质上来。积极心理学的本质与目标就是寻求人类的人文关怀和终极关怀。在这里，心理学不再是一个冷冰冰的技术领域，而是一个富有激情同时又理性严谨的新型学科，所表达的是对人类命运的深切关注。我国著名心理学家张厚架高瞻远瞩地指出："人文关怀是21世纪的主题，在某种程度上说，心理学的繁荣与发展是实现人文关怀的必由之路。"因此，正如 Deci 和 Ryan 所言，积极心理学崛起，不仅仅是寻求与发展心理学的理论，而且是更加关注人类社会的发展。不仅仅是个人的幸福，而且也是更广泛的人类福祉，是更广泛意义上的社会发展研究的一部分。同样，Diener E 也充满豪情的宣称："社会必须与重视经济一样，重视主观幸福感；对幸福感进行追踪、理解与研究，并肩负起教育大众的责任,科学地理解生活质量并努力创造更加美好的社会。"因此，积极心理学，其理念、其行动，势将会对现代心理学产生积极的影响，从而使现代心理科学更加面向社会、面向未来面向应用，并卓有成效地开辟人类通向光明，造就幸福的阳光大道。

## 第四节　积极心理学发展研究

积极心理学的发展可追溯到人本主义心理学的影响。人本主义心理学强调幸福感、自我实现以及关注潜能等，这些方面与积极心理学重视人的积极层面是一样，艾库玛尔会议由赛里格曼提议召开，标志着积极心理学运动拉开序幕。会议确立了积极心理学所要研究的三个主要部分：第一部分研究积极情绪体验，主要研究主观幸福感。第二部分对积极人格特质进行分类。第三部分的社会组织系统主要涉及从小系统家庭、社区到大系统学校、社会等怎样"运转"才能更有利于积极人格的形成。这三个部分相互联系，相辅相成，不可分割。

### 一、积极心理学研究内容

#### （一）积极的情绪体验

积极情绪体验也就是正性情绪体验。认知理论的观点认为积极情绪是一种正性情绪感受，是在得到他人积极评价或者目标实现过程中取得进步时产生的。研究者重点关注主观幸福感，它在积极情绪体验研究的重要性不言而喻，一些相关研究表明个性特点、控制源倾向、自我概念、社会关系以及经济健康状况等都对主观幸福感有影响。Diener认为主观幸福感由高/低水平，正/负性情感和生活满意共同构成。积极情绪扩建理论观点指出积极情绪能够扩展人们的瞬间思维活动序列，个体反复体验积极情绪便能增加心理弹性，社会关系也得到提高，从而增进主观幸福感。

#### （二）积极的人格特质

积极人格是积极心理学建立的基础，李金珍等人认为个体的积极人格形成是各种现实能力和潜在能力激发和强化的结果。心理学家们研究积极人格特质已有24种，较有影响力的有自我决定性。自我决定性指的是人们对自己的发展能够有适当的选择和坚持。自我决定性的形成包括先天学习、创造以及好奇本性这三个方面。Peterson早期研究就表明高乐观主义者更倾向于拥有好的情绪和生理健康，更容易成功。

#### （三）积极的社会组织系统

积极的社会组织系统对个人健康成长的重要意义是心理学家们非常关注的一个领域。塞利格曼经过长期校园纵向研究发现，在学校开展幸福教育能够有效降低学生抑郁，提高幸福感；在家庭方面，他指出亲密关系具有重要作用它能让家庭成员体验到幸福。

## 二、积极心理学的评价与展望

### （一）拒绝承认研究内容是早期相关研究的继承与发展

主观幸福感是积极情绪体验的一个重要概念，对它的研究涉及面很广。积极心理学家们却未曾主动提及这是社会心理学早期的研究对象，然而对于人本主义心理学的态度更是极端，一开始极力否认其对积极心理学的影响，想要因此标新立异，确立独立地位。另一方面，积极心理学苛刻地批判传统心理学。人类的消极情绪具有保护生存的重要意义，是在应对威胁的环境中进化而来与特定的行为倾向密切相关。殊不知适度的消极情绪让个体免于受伤害，有利于生理健康。

### （二）具有一定的话语霸权

积极心理学就是由权威所倡导和发起的，积极心理学的这些观点和心理学家的权威性相结合，这些观点也就具有了一定程度的"积极话语霸权"。

### （三）缺乏纵向研究

2001年积极心理学正式成立，短短十余年和传统心理学相比是缺乏让人信服的纵向研究成果的。积极心理学还仅仅是停留在理论方面，实践方面的研究不足，这也体现出了它缺乏一个完整的理论框架。

### （四）研究对象上存在的不足

Diener主持了主观幸福感的研究并且取得重要成果，但是该项目的研究对象仅限于大学生，这在一定程度上表现出典型的成人化取向；研究过程也存在"白人价值观为主"的取向。

### （五）积极心理学的展望

可以说积极心理学与传统心理学并不是对立的，它使传统心理学长期被忽视的帮助普通人生活更加幸福和发现并培养天才这两个使命又得到重视，它使得心理学变得更加完整和平衡。积极心理学在心理健康教育、人力资源开发、灾后重建等方面都有应用，在临床实践、家庭治疗以及个性塑造等方面也还有广泛的应用前景。积极心理学把研究重点从"心理问题"转向"人的积极力量"，从而为心理学的发展注入了活力，改变了人们的错误认识，即认为心理学仅仅是解决心理问题、治疗心理疾病。虽然积极心理学对心理学的影响日趋重要，但是要想取得更深入更广泛的发展就必须更加努力克服自身的不足，发挥已有优点，这样才能取得更好的发展，寻求人类的终极关怀是积极心理学的本质与目标，这也是心理学的最终归宿，二者是相辅相成不可分割的。

# 第二章　积极心理学的思想政治教育

## 第一节　积极心理学视角与高校思想教育

高校思想教育作为意识形态教育，根本目标是帮助大学生形成科学的世界观、人生观和价值观，更好适应社会的发展与进步。然而，传统的思想教育过多关注大学生的不良倾向，忽略了学生自身的积极品质和发展潜能，容易出现叛逆心理。积极心理学关注人本身固有的积极品质和发展潜能，探究人自身积极力量和潜能的开发。本节将积极心理学引入思想教育中，力求对如何提升高校思想教育质量路径进行微观深入的探讨。

中共中央国务院在《关于加强和改进新形势下高校思想教育工作的意见》中指出，要把大学生的思想教育放在首位，强化立德树人的根本任务，在整个教育教学全过程都要贯穿思想教育工作，真正实现"全程和全方位育人"。

积极心理学不同于传统思想教育，它更多地关注人本身的积极品质和发展潜能，探寻人自身所具有的积极力量、开发潜能。

### 一、积极心理学概述

积极心理学是心理学领域的一场革命，也是人类社会发展史中的一个里程碑，是一门从积极角度研究心理学的新兴科学。2000年，美国心理学家马丁·塞里格曼等人发表《积极心理学导论》，标志着积极心理学由此正式诞生。塞里格曼等认为积极心理学研究的核心是积极品质和积极力量，目标是使个体和社会走向繁荣。综上所述，积极心理学挑战了几百年来以研究心理疾病为主的思想，倡导心理学的积极取向，扩展了传统心理学的研究视阈，从而使心理学的应用范围进一步扩大。

积极心理学关注人本身固有的积极品质和发展潜能，其研究内容可概括为"一个中心，三个基本点"——积极心理学以研究人的幸福为中心；积极心理学从积极情绪、积极人格特质和积极的社会组织系统三方面探究幸福，这三个基本点也是获得幸福的基本路径。

### 二、大学生思想教育的现状与问题

目前，大学生思想教育不断得到重视与加强，理论研究有一定的新进展，同时思想教育工作者自身的综合素质也有了明显提高，价值取向日益人性化，但思想教育中存在的部分现象与问题不容小觑。

## （一）模式固定单一，教学手段陈旧

当代大学生的思想特点处于不断变化之中，存在的问题也是千变万化，大学生思想教育的模式没有做到"与时俱进"，思想教育仍满足于单向传递和灌输式的教授知识，应对模式较单一，对学生实践教育环节缺乏足够的重视，使得学生无法在学习过程中真正有所体会，无法引发共鸣、课堂参与度较低。教学方法上，缺乏多媒体教学环境下多方法结合的创新设计；教学手段上，学生厌倦单一陈旧的教学手段，影响教学效果。

## （二）师资队伍不稳定

辅导员作为大学生思政教育的主导力量，其队伍的稳定程度直接关系到思想教育的质量。当前辅导员的师资队伍流动性大，专业化、职业化程度低，存在着转岗、转行等突出现象，思想教育工作的科学化水平低，当前的师资队伍存在断层、弱化、不稳定状态，给思想教育教学带来抑制作用。

## （二）大学生有爱国情感，但缺乏理性思考

当代大学生有强烈的爱国情感，坚定走社会主义道路方向，有积极向上的主流价值观。在信息网络时代，他们能够实时关注国家大事和社会热点问题，并且通过网络发表自己的意见与看法。由于网络上的信息良莠不齐，一些与社会发展不相和谐的因素也充斥着网络，给学生的三观都带来了阴霾。

## （三）教育的合力尚未形成

教育需要学校、家庭、社会三方面里应外合、通力合作，但是当前的大学生思想教育尚未形成家、校、社会共同作用的合力，也就难以提高大学生思想道德素质。社会氛围中的消极因素、家庭教育中的不合理因素，使学校道德教育的效果大打折扣，降低了大学生思想教育的实效性。此外，第一课堂、第二课堂的教育理念及其分工不够明确，没有较好地结合起来，两者相互分离导致新型综合素质教育模式成效不明显，公寓、网络、社团等思想教育的阵地建设相对落后，各种因素导致目前德育作用发挥不充分。

# 三、提升大学生思想教育的路径研究

围绕积极心理学的内容，分别从积极情绪、积极人格特质和积极的社会组织系统三个方面详细探讨如何提升大学生思想教育的质量。

## （一）积极情绪

积极心理学的内容之一是研究个体的积极情绪体验。通过个体体验到的积极情绪来提升大学生思想教育质量，具体方法有：在日常教育教学实践中要切实关注大学生成长成才

的内在需要，提高他们对积极情绪的体验能力；大学生思想教育工作者职业幸福感的增强也是一种重要方法，职业幸福感的提升有利于增强个体的挫折耐受力和心理弹性。

### （二）积极人格特质

通过积极人格特质来提升大学生思想教育质量，具体方法有：完善思想教育工作者的人格品质，树立积极的人生态度；做到以学生发展为本，发掘个体的积极人格品质。

### （三）积极的社会组织系统

积极的社会组织系统研究如何建立积极的社会、家庭和学校等系统，以更好地服务于大学生思想教育。具体方法有：优化环境支持系统，营造利于大学生积极成长的校内校外氛围；建立积极的社会支持系统（来自社会政策的支持、来自学校领导老师的支持、来自思政专业知识的支持、来自家庭成员的支持），形成育人合力。

此外，心理测量是全面评估个体心理的一种重要技术。因此，提升大学生思想教育质量的一种间接路径就是运用各类积极心理测量技术，全面深入地了解当前大学生的心理状况及存在问题，必要时进行积极的心理干预也是提升大学生思想教育的一种间接路径。

积极心理学给当前的大学生思想教育提供了新思路与新启示，为真正实现大学生思想教育全员、全方位和全过程育人的目标提供有益的理论指导、实践建议，推动思想教育研究朝着关注积极变化过程的方向发展。因此，本节尝试将积极心理学的理论观点与方法引入大学生思想教育实践中，力求探索高校思想教育的优化和创新路径与方法，践行中共中央的相关决议。

## 第二节　积极心理学的思想政治教育价值

积极心理学激发积极品质，获得积极力量的核心理念正影响和改变着我国当前的教育观念及模式。积极心理学与思想政治教育在主张培养和塑造积极情感体验、积极人格、积极社会组织系统等多个层面存在明显的契合。文章结合当前思想政治教育的困境分析，指出积极心理学在理论和实践层面对思想政治教育发挥出一定的价值作用。

从十七大报告"注重人文关怀和心理辅导"、十八大报告中对"培养自尊自信，理性平和，积极向上的社会心态"的阐述，到十九大新时期强调"要实现高等教育的内涵式发展"，国家和高校对于有关大学生积极心理品质话题的关注度日益提升。这一趋势对于思想政治教育而言，是从面对"问题"转向面对"品质"，从改变人转向培育和引导人的变化。积极心理学作为当代心理学的最新进展之一，其专注于激发积极品质获得积极力量的核心理念正影响和改变着我国当前的思想政治教育观念及模式。思想政治教育的价值诉求体现在对人的品质之关注和素质之提高，使人们能够实现自我价值，成为幸福、快乐的人，因此二者在研究取向和教育诉求上相互契合。

## 一、积极心理学研究取向

自1879年成立之初，心理学就早已阐明了其作为一门学科的三大使命，即治疗人的心理问题与疾病，使得普通人生活得更加幸福，发现和培养具有非凡才能的人。然而，在经历了第二次世界大战的创伤洗礼之后，心理学界普遍放弃了后两项任务，而把注意力主要集中在第一项任务上，即成了一门专门致力于研究及矫正人类问题的学科。这种研究重心上的偏移使得很多心理学家甚至不知道正常的人如何才能在良好的条件下获得自己该有的幸福。社会和历史的发展已经为我们证实：当人类被战争的阴霾所笼罩时，心理学的主要任务是抚慰并治疗人们的心灵创伤；但是伴随着和平曙光的到来，心理学的使命应该转而研究如何使我们的生活变得更加美好。积极心理学由塞利格曼于20世纪90年代末发起，主张变革以往以治疗为主要手段的类似于病理学的传统心理学观点，转而将目光聚焦于普通人，并以此为其研究对象，提出心理学的价值不仅仅是处理人的心理疾病，帮助处于"逆境"条件下的人走出困境，获得全新的生活，更要教导功能正常的普通人学会如何获得主观幸福感，实现自我对于个人价值的追寻。

积极心理学以人固有的、潜在的美德和善端为出发点，以一种积极的态度来解读人们的心理问题，激发人们潜在的积极心理品质，帮助人们发挥自己的潜力并获得更美好的生活。"积极"二字，体现出了其对于传统心理学主导理念的概括，将"二战"以来的心理学从性质和价值属性上归纳为消极心理学。消极心理学侧重于自身的矫正及修补功能，习惯于从问题视角出发，使得心理学成为一种"医学式"的科学。诚然，这种理念帮助了许多深处困境中的人们获得改变并且生活幸福。然而没有心理疾病的人并不等于心理健康，消极心理学的问题导向视角忽视了对处于良好条件下的社会成员如何获得使自己的生活更具有幸福感的指引，忽视了心理学本应该具备的其他使命。在这种教育理念的指引下，教师同学生的关系如同医生与患者，教师将精力主要集中于对学生一言一行中所表露出来的问题予以解决，忽视了学生正常的积极功能与品质的发挥。反之，积极教育理念则强调教育不仅仅是发现和处理问题，更重要的是追寻学生的积极品质（其中包括外显的和潜在的），并在实践中扩展和加深这些积极品质的影响力，增强学生的积极体验，培养学生的积极人格。

## 二、积极心理学的思想政治教育契合点

积极心理学是心理学的最新发展之一，致力于通过对人积极品质的激发，帮助人们获得主观幸福感。思想政治教育隶属于意识形态领域研究，其本质在于立德树人，最终目标是促进人的全面发展。二者同为培育人和塑造人的伟大工程，在研究取向及教育诉求层面高度契合。

## （一）调动积极情绪体验

以积极情绪体验理论为研究核心的积极心理学关于肯定人的价值，尊重人的需要，以及促进个人成为更好的个体的理念与思想政治教育追求人的自由解放，促进人的全面发展的观点不谋而合。所谓体验，即人们借助情绪的表达方式，将受外界刺激而做出的心理反应表达出来，所以又称其为情绪体验。积极情绪体验理论研究的是人们在实践活动中获得的一种积极的、健康的主观体验，其中包括人在感官上获得的享受以及心理上获得的满足。

思想政治教育旨在通过有计划、有目的、有组织的教育活动培育和提升学生良好的思想道德品质，促进其自我价值的实现，积极主动地为构建社会主义和谐社会贡献积极力量，最终实现人和社会全面发展的过程。因此，关注作为个体的普通人，激发其主观上的积极情绪体验的获得，帮助其发展成为更加完善的自我，不仅仅是积极心理学所倡导的价值观，更是思想政治教育的题中应有之义。

## （二）培养积极人格

"人格"一方面代表个体在遵循社会普遍认同的价值观的基础之上而表现出的外在的思维方式和行为风格，另一方面代表个体内在的、潜藏的、因某种特殊原因而没有显露出来的独特的品质。积极人格教育主张对于人自身蕴含着的正能量的挖掘，通过对于个体内在的积极品质（包括显在的和潜在的）的激发式培育和积累式增长，达到帮助有问题的人抑制消极人格，帮助普通人生活得更加美好的目的。培养积极人格的教育理念认为：人格教育应不只是对有缺陷的人格的纠正，更要潜心研究良好人格的养成范式。这一观点弥补了当前思想政治教育过于注重自身的修补功能，而忽略了以欣赏的眼光看待学生品质的不足。

人格教育隶属于心理教育的范畴，心理教育同思想政治教育有着密切的关系，二者相辅相成。缺乏积极人格教育的思想政治教育，将只能停留在思想表面而无法深入人心。因此，对积极人格的培育不仅仅是积极心理学的三大理论支柱之一，同时也成了当前思想政治教育研究领域的新的视角和趋势。

## （三）营造积极社会组织系统

社会组织系统涵盖国家、工作单位、家庭和学校等主要方面，积极的社会组织系统不仅是构建积极人格的影响因素，也是使得个体产生积极情感体验的直接来源。思想政治教育具有系统性和整体性，对于思想政治教育能否取得实效的影响因素也是多种多样的，因此需要调动多方面的力量，实现"全员育人、全程育人、全面育人"，形成从全局上对思想政治教育体系的把握和根本上对思想政治教育方法的改进。积极心理学整合社会、学校、家庭等多方位的资源，合力培育人的积极品质的理念为思想政治教育提出了一个可参考、借鉴的新视角。

## 三、思想政治教育实效性困境

### （一）教育过程：忽视大学生积极情感体验与人格塑造

在传统的思想政治教育理论学习与实践活动中，普遍存在着忽视对大学生的积极情感体验教育的问题，从而对思想政治教育的实效性产生直接影响，这正是导致思想政治教育的应然与实然存在巨大差距的重要原因之一。一方面，当前的思想政治教学内容更偏重于对理论的深度及其系统性的研究，缺乏贴近生活的实践性教学，导致理论与实践相脱节。学生受能力的限制，缺乏对于自身行为的认识和对思想政治教育的深入思考。虽然传统的灌输式教育模式曾在不同时期为思想政治教育的效果取得提供了良好的教学方式以及渠道，但是在学生心理差异化日益明显的新时期，若忽视大学生的情感体验而一味采取灌输式教育的传统模式，则无异于填鸭式教学，不但无法达到预期的教学效果，反而会迫使受教育者产生抵触和逆反心理。另一方面，受传统心理学和教育思维定式的影响，现今思想政治教育以"问题视角"为主导取向，将目光聚焦于处理学生在思想道德中存在的问题，即如何寻找学生的错误并及时纠正，忽略了对大学生内心世界的关注，缺乏对大学生积极情感培养层面的教育。在宏观的教育模式上，偏向于消极悲观，不利于学生的成长和积极社会的建构。因而，在价值引导方面，思想政治教育工作者缺乏话语权，无法调动学生对相关知识获取的积极性；在价值实现途径上，"灌输式"模式的教育忽视了对学生的关爱，缺乏以学生为主体的教学意识；在价值互动中，教育者忽视了价值主体的内在诉求，导致教育者同受教育者之间的双向互动存在阻碍。

个体的思维方式和行为准则受其人格发展境界高低的支配，思想政治教育取得实效性的心理性前提依据应围绕培养学生的积极情绪体验，满足学生的人格需要展开。从细微之处着手，从"问题"到"品质"，实现当前思想政治教育研究视野的价值回归；从"灌输"到"关爱"，实现教育者同受教育者之间的价值互动；从"无助"到"乐观"，实现受教育者积极情绪体验和积极人格的价值归宿。

### （二）教育视野：欠缺多学科之间的交叉融合

思想政治教育成为一门单独学科的时间并不长，研究水平尚需进一步提高，虽然"已经形成了自己的范式"，但却面临着"范式危机"。这说明有关思想政治教育的研究虽已取得了一定的成果，但仍存在着一些亟待解决的问题。对正处于新的历史起点和社会转型期的思想政治教育而言，所面临的问题及成因是复杂多变的，对原有的单一学科的研究视角的反思是迫切的。埃利亚斯曾指出："道德教育是一个需要多学科共同研究的领域，仅仅通过一门学科来探讨这一领域既是有限的，也是危险的"。作为远比道德教育内涵丰富的思想政治教育，在改变传统的单一性学科研究的狭隘视野的同时，以多学科的交叉协同研究视角出发，丰富自身研究领域的层面同样适用于该理论。

思想政治教育学科自创始之初就具备多种学科背景，具有开展跨学科研究的优势。思想政治教育具有其他学科所无法替代的意识形态性与价值导向性，归根结底是教育人的工作。其教育对象的特殊性决定了高校思想政治教育应该将大学生的心理教育作为前提和起点。借鉴积极心理学的理论的跨学科视角，既是二者思想的融合，也是教育方式的综合。以跨学科的视野丰富思想政治教育研究体系，不但有利于解决当前思想政治教育实效性困境，还有利于以崭新的研究视角推进学科的新的增长点的出现。

### （三）教育环境：缺乏高校与家庭、社会的积极互动

近些年来，频繁出现有关大学生自杀、残杀或者是故意伤害事件的报道，这是人格心理不健全发展造成的。人是教育与环境共同作用的产物，个体的成长及生活态度的获得体现在其与环境的双向互动之中。

大学时期是大学生个人品质养成的关键时期，而又恰巧是在这一时期，大学生受来自于市场经济的弊端的诱惑是其前所未有的经历。一方面，社会大环境对于大学生的人格影响的因素是多变且不可控的，大学生对于外界环境的诱惑抵抗力有待加强，容易滋生扭曲的价值观和堕落的思想品质。另一方面，大学校园的管理模式发生了改变，且没有升学带来的压力，导致家校沟通弱化。高校思想政治教育工作者应该呼吁联合家庭与社会的力量，共同作用于学校的教育实践活动，加强学校与家庭和社会之间的有效互动，而不仅仅是学生在高校中出现问题时才与家长取得联系。

## 四、积极心理学的思想政治教育价值应用

### （一）转变教育观念，以积极心态面对教育中的问题与困难

传统的思想政治教育模式从问题视角出发，将"改变人"作为研究重点。这种教育观念，在潜移默化之中向学生传递了负能量，强化了问题意识，忽视了学生应有的积极品质。积极心理学倡导积极的人性论，强调"以人为本"的教育思想，弥补了传统心理学中过于注重问题的解决的片面性的不足，从真正意义上回归了心理学最初的使命及功能，即充分挖掘人的潜力并加以适当的培育，最终使其获得幸福的生活。

积极心理学为思想政治教育提供了新的教育理念和教育视野。教育者受到全新的心理学的理念的启发，在思想政治教育过程中更加侧重于挖掘学生的积极潜能，以更加欣赏和开放的心态面对受教育者，改善了教育理念和育人方式。积极教育并不是整天拍手称好地喝彩，教育的功能也不仅仅是解决问题，还应理应包括以积极的心态主动预防问题。具体表现在：对学生有可能会出现的问题加以前期性的预防引导，将增强学生的积极体验、培养

学生的积极品质作为预防问题产生的最好的工具，这既是对人性的尊重，也是对人性的理智理解。

## （二）强化教育内容，增强学生积极情感体验与认知方式

情绪是人类与生俱来的本能的心理波动反应，这种心理体验一旦形成，就能够转化为可以推动人行为动机的心理能量。人的心理情绪是一种主观性的体验，具有方向性和强度的特点。分别意指情绪可以是积极的、乐观的，也可以是消极的、被动的。情绪又是动态的，具有强度大小的差异，即使是同一种情绪，不同情境下强度的不同，其表达形式也不尽相同。考虑到情绪的上述特点，情绪会对人的思想和行为产生正面的或负面的影响。受教育者能否在思想政治教育工作中产生积极的情感体验，是影响思想政治教育正负效应的关键。积极乐观的情感体验和认知方式能够有效促进思想的转化和共鸣，而消极悲观的情感体验则会阻碍思想政治教育效果的深入和内化。

思想政治教育不仅仅是教育者向受教育者单向传输理论知识的过程，而且应该基于学生的发展需要，从知、情、意、行层面由内而外地关注学生综合素质的提高。作为一种教育实践活动，教育和培养人是思想政治教育的基本立足点和根本出发点，把育人理念贯穿于思想政治教育始终，才能够满足人的成长需求，促进人的全面发展目标的实现。缺乏培育大学生积极情感体验和认识方式的思想政治教育很难入脑、入心。反之，一旦理论知识教育真正被心灵所感受，产生情感上的共鸣和精神上的愉悦，触发大学生主观意识上对于真理的追求进而升华其思想境界，有利于实现思想政治教育内化于心、外化于行的目标。

## （三）创新教育方式：发挥学生主体作用，尊重学生主体地位

随着改革开放的日益深入，当代大学生的心理特点主要表现在：崇尚标新立异的个人体验，追求个人价值的实现，渴望得到理解与尊重。然而在思想政治教育实际的教学过程中，学生往往处于被动地位，被强制性地施加以理论知识的教育，这种以"灌输式"教育为主的教育模式忽略了学生的自主性和创造性。在教育方式层面，思想政治教育对积极心理学的借鉴策略可以体现在以下几个方面：

首先，价值取向层面：从"失衡"到"平衡"，实现当今思想政治教育研究取向的价值变奏。注重对于个体的自我潜能的挖掘与塑造，在肯定个人固有积极品质的基础上，充分尊重个体的价值取向。这种充分尊重个体，倾听学生的个人意愿，解决学生主观诉求的教育方式不仅符合当前大学生心理上的情感需求，同时也符合思想政治教育注重人文关怀理念，促进人的全面发展的价值取向。

其次，方法层面：从"被动"到"主动"，实现思想政治教育的积极体验。传统的思想政治教育方法主要以榜样教育、说服教育等形式展开具体的理论教育活动，尽管这些方法对于提升学生的思想道德素养具有一定的提升作用，但是因其具有规定性和强制性的特点，缺乏实践意义，很难引起学生的情感共鸣。思想政治教育离不开学生实现自我调节的

内化过程，强调大学生在思想政治教育中主体性地位的发挥，就是要让思想政治教育成为既是教育者对受教育者知识传递施加影响的过程，也要让大学生能够主动参与思想政治教育过程中。积极心理学注重对个体的积极鼓励，这一点可以为大学生思想政治教育提供方法上的参考，即大学生思想政治教育应该在方法层面注重对学生的肯定与鼓励，将解决学生的思想问题同挖掘学生的积极品质相结合，将"灌输式"说教的理论和"引导式"尊重理论相结合。

最后，实践层面：从"文本"到"现实"，实现思想政治教育的积极定位。将学生作为具有能动性的教育主体参与实践活动，可以通过参加实践活动感受外在的客观活动对其个人心理品质的影响。同时，亲身参与实践活动，可以触发其对主观体验上的认同感，增强思想政治教育的实效性。

开展有关于积极心理的拓展训练，引导学生正向的积极品质，在具体的实践活动中做到"贴近实际，贴近生活，贴近学生"的"三贴近"，充分关注并尊重大学生个体情感价值的诉求，培养其积极独立的个体人格。

### （四）优化教育环境，激发教育对象积极心理品质与潜能

环境的改变和人的活动相一致，二者是一个统一的过程，环境限定并影响着个体。因此，要注重培养良好的环境，以促进人的进步和发展。积极的教育环境是培育积极品质的重要载体，同时也是加强个体积极情感体验的重要来源。父母是孩子的第一任老师，家庭是个体成长最密切的现实环境载体，和乐融洽的家庭环境氛围有利于个体积极人格的养成。学校作为思想政治教育的主阵地，积极奋进的校园环境有利于个体政治素养和理论知识体系的构建。而学生最终都将步入社会，从人的社会化进程层面，过度地依赖于学校教育难以实现思想政治教育社会化的目标。在实现人的全面发展的过程中，要建立学校、家庭、社会三位一体的思想政治教育体系，实现三者间的良性互动，通过环境对人的潜移默化的影响，从"规训"到"感染"，实现社会组织环境同思想政治教育的积极构建。

## 第三节 积极心理学与思想政治教育之间的契合研究

积极心理学的主要研究内容为积极的品质及力量，与思想政治教育的目的相同，均是为培养人的积极向上的品质。积极心理学与思想政治教育之间，在体现出了人文关怀特征、积极发挥个体功能、提升人的幸福感受等方面具有很好的切合点。思想政治教育工作的开展中，积极利用积极心理学中的辅导方式、情感体验方式以及积极组织系统方式来培养受教育者的思想政治水平，将具有很好的促进作用。

# 一、积极心理学与思想政治教育之间的切合关系研究

## （一）体现了人文关怀特征

思想政治教育的目的是帮助受教育群体能养成一定的思想品德意识以及道德行为习惯，帮助受教育者正确认识和把握人生发展价值，形成正确的社会价值观与责任感，使得思想政治逐渐实现社会化，具有明显的人文关怀特征。而积极心理学对个体潜能的挖掘以及发挥具有积极意义，对个体的积极品质得到激发和发挥具有极为重要的促进作用，也是促进个人积极心理社会化发展，促进社会的和谐与幸福，促进人生命价值的提升，也体现了人文关怀的特征。由此可以看出，积极心理学与思想政治教育之间具有人文关怀的共同特征，这是两者相互契合的重要基础。

## （二）积极发挥个体功能

思想政治教育对受教育者的全面发展具有促进作用，其教育中重视受教育者的自我教育价值、自我发展能力的培养，并不断增强受教育者的生存功能，个体发展功能与享用功能，提升个体功能在社会发展中的积极价值。积极心理学教育是以每个人积极潜能作为培养基础，坚信每个人都具有积极向上的发展能力，并提升个体在生命发展中的积极情感体验，从而培养人的积极特性。由此，积极发挥出个体功能是积极心理学与思想政治教育之间的一个重要契合点。

## （三）提升人的幸福感受

幸福感受是人们从认知、情感体验、整体评价等方面对自己的生活情况做出的心理上的评价。而主观思想上的评价是决定一个人幸福感受中的重要因素，无论是生活状况在别人眼里是否幸福，只要体验生活的人主观上具有幸福感，那其生活便是幸福的。积极心理学的提出与发展中，其提出目的与发展方向均体现了促进人们生活幸福感，促进社会发展的和谐，并将接受心理教育的人获的幸福感作为发展目标。由此可见，提升人的幸福感受也是积极心理学与思想政治教育之间的契合之处。

# 二、积极心理学对思想政治教育方法的完善作用

## （一）积极心理辅导方法完善思想政治教育方法

积极心理学对人的积极思想具有很大的重视度，十分重视积极辅导方式对人积极向上的潜能的激发，培养人的积极向上的思想特质。因此，思想政治教育工作可利用积极心理辅导的方式，在开展思想政治教育活动时，对受教育者的政治观念、思想观念以及道德规范的教育时，适当利用积极心理辅导法、暗示法，引导受教育者形成理想的人格。

## （二）积极利用情感体验方式

在思想政治教育工作中，利用情感体验的方式，可对于相同或是相似阶级的社会群体的思想政治教育需求以及对象特征等，科学创造教育环境，设定教育目标，让受教育者在较好的思想政治环境中接受知识，引导受教育者在特定的情景中体验、反思以及实践相应的思想政治教育内容，从而获得一定的认知，获得较好的情感体验，促进其形成良好的思想品德意识和道德行为。

## （三）利用积极心理学中的积极组织系统

在积极心理学中，组织系统给接受心理辅导者的影响作用是被高度重视的，该组织系统将对个体的积极力量、美德和人格等产生影响，积极心理学中认为积极组织系统是提升个体积极人格重要力量支持以及丰富体验感受的重要来源。思想政治教育工作较为复杂，在利用积极心理学中的积极组织系统时，能帮助受教育者树立"全员育人、全程育人、全面育人"的"大德育观"。

近些年来，积极心理学的研究得到了新的发展，是心理研究的一个重要范畴，心理学是研究人心理情绪变化现象与行为活动规律的科学。思想政治教育是意识培养范畴，是指用正确的思想道德知识与品质来武装人的大脑，促进了个体的主观与客观的相对统一的一种教育实践活动。思想政治教育是塑造人思想品质的一项重大工程，与积极心理学存在很大的联系：首先，思想政治教育与积极心理学均体现了人文关怀特征；其次，两者的培养或辅导目的均有积极发挥个体功能的作用；最后，提升人的幸福感受也是两者的重要契合点。而在思想政治教育中，积极利用积极心理学中的积极心理辅导方法、情感体验方式以及积极组织系统，将会对思想政治教育质量的提高具有很大的帮助。

# 第四节　积极心理学融入农村大学生思想政治教育的思考

习近平总书记对高校思想政治教育寄予了厚望，而当下"千人一面"的教育模式不利于农村大学生群体的健康成长和全面发展，存在着针对性不强、方向性不明、实效性欠佳等问题，将积极心理学的积极教育理念、积极人格培养、积极情绪体验和积极环境氛围应该用于农村大学生思想政治教育中，从理念、内容、机制上进行创新，有利于农村大学生优秀品质与积极力量的发掘和培育，有助于对农村大学生思想政治教育人文关怀和实效性的提升。

习总书记在高校思想政治工作会议上指出："要因事而化、因时而进、因势而新""要坚持在改进中加强，提升思想政治教育亲和力和针对性，满足学生成长发展需求和期待"。即在新的形势下高校应注意到不同学生群体的心理需求，开展差异化与多样化的思想政治教育。

由于我国城乡二元结构和户籍管理制度的存在，客观上存在农村大学生这一群体，他们中的大部分人成长于经济、文化和社会地位等相对弱势的农村，进入大学后面临生活环境的反差，容易产生诸多的不适应和压力，造成心理上的自卑和自我否定情绪的增长，不仅对其成人成才产生障碍，还会对其家庭和社会带来较大影响。

当前的大学生思想政治教育，实施的多是"千人一面"的模式和"发现问题——解决问题"的事后教育方法，导致有些农村大学生的"标签"意识愈加严重。20世纪末在美国兴起的积极心理学提倡用积极、欣赏和开放的心态，看待人的潜能，有利于农村大学生优秀品质与积极力量的发掘和培育，适合于农村大学生的思想政治教育。

## 一、当前农村大学生思想政治教育的问题分析

随着国家对"三农"问题的重视和高等教育的普及，农村生源在高校中比例不断增长，农村大学生的培养问题日益突出，当前高校对农村大学生的思想政治教育未能给予应有的重视，存在针对性不强、方向性不明和实效性欠佳等问题。

### （一）重视整体化，忽略差异性

从对象上来讲，当前高校的思想政治教育主要立足于大学生整体，在"大一统"的模式下并未对教育对象进行细分，针对性难以保障。毋庸置疑的是，农村大学生在高校是一个特殊的群体，相对城市大学生而言，他们在物质生活条件、学习环境适应，人际交往意识以及创新创业能力等方面，存在一定差异，容易产生不适感，出现心理和思想上的困扰，如不及时进行针对性引导，不仅会影响农村大学生的健康与发展，还关系到农村家庭的命运，甚至我国社会主义新农村建设与和谐社会建构。因此，高校思想政治教育应认识到分层教育的重要性，注重对于农村大学生群体的人文关怀和心理疏导。

### （二）重视理论提升，忽略人格培养

从内容上看，目前，高校的思想政治教育还没有摆脱纯知识性传授和理论灌输的主导模式，以至于有的大学生只是把思想政治教育当作理论知识的掌握和学分的获得，而思想政治教育的根本目的是，通过理论的教育培养人的主体性人格。农村大学生一般生活比较独立，学习目的性很强，对待学业很认真。进入大学后，学习要求和生活环境发生了很大变化，学习成绩不再是评价的唯一标准，越来越多元化的发展要求，会让农村大学生感到茫然与无所适从，面对未来就业和发展的压力，使他们在自尊、自信等方面存在一定的问题，容易造成性格内向、自卑、孤僻甚至自我封闭，影响到他们的健康成长与全面发展。正因如此，高校思想政治教育应把握方向性原则，回归教育的本质，注重对于农村大学生人格上的培养。

### (三)重问题矫正,轻潜能开发

从方法上看,当下思想政治教育中仍采取的是传统的"查找问题—批评教育—纠正问题"的"消极教育"模式,重在防范和控制问题的产生,以说教和批评的方式为主,鼓励和引导方面不足,易造成受教育者失落、消沉以及逆反情绪。对农村大学生而言,心理的困扰本来就比城市学生多,一点责怪就会使他们"标签"意识更浓,问题发展更加严重。倘若是从农村大学生身上多看到其良好的品质,挖掘其潜在的能力,采取激励与赞赏的方式,能够更好地激发农村大学生的积极情绪,促进他们树立战胜困难的勇气和信心,形成积极、乐观和健康的人生价值观念。由此可见,对农村大学生应全面树立"积极教育"理念,切实提升思想政治教育的实效性。

## 二、积极心理学对农村大学生思想政治教育的适用性

积极心理学主张用开放与欣赏性的眼光去看待人的潜能和美德,重视个体身上的优秀品质和积极力量,其积极的教育理念、人格培养、情绪体验和环境氛围适合于农村大学生的思想特点和心理诉求,也体现了思想政治教育的人文关怀与时代精神,有助于农村大学生思想政治教育实效性的提升。

### (一)体现出农村大学生思想政治教育的人文关怀

党的十八大明确指出:"加强和改进思想政治工作,要注重人文关怀和心理疏导,培育自尊自信、理性平和、积极向上的社会心态。"积极心理学着力于探索和发掘人的积极心理因素,培养人发现自己的长处和潜能,让人在积极的情绪体验中养成积极的人格特质,其重要的思想源泉就是人文关怀和心理疏导。将积极心理学的理念与方法融入农村大学生的思想政治教育之中,能有效地引导农村大学生认识自身所具有的优势和发展的潜能,培养自我肯定、自我接纳的积极情绪体验,防止过分地关注到自身不利因素后形成心理定式的影响,在自尊自信的基础上形成更加积极的人格品质和良好的社会心态,实现向自我教育的转化。与此同时,能发挥思想政治教育的因材施教功能,消解同质化思想政治教育对农村大学生边缘化的影响,增强思想政治教育的针对性、可操作性和实效性,实现思想政治教育"尊重人、理解人、关心人、帮助人、引导人、培养人"的价值目标。

### (二)增强农村大学生思想政治教育的主体价值

习总书记强调:"思想政治工作从根本上说是做人的工作,必须围绕学生、关照学生和服务学生,不断提高学生思想水平、政治觉悟、道德品质、文化素养,让学生成为德才兼备、全面发展的人才。"积极心理学将生命个体看作是一个开放、自主与能动的系统,着力于开发人身上的积极资源,唤起人的主体意识、主体精神,培育人的主体人格、主体能力,从而能自主地决定自身的发展状态。将积极心理学的理念与方法运用到农村大学生

的思想政治教育之中，能有效地引导农村大学生认识自身发展的内在需求，明确自己的发展目标，培养自己的独立人格，实现由知到行的转化。另一方面，能推动思想政治教育对农村大学生的关注与尊重和对其主体性的发展，有针对性地培养他们的主观能动性和创造性思维，增进其能力素质与个性品质的塑造与培育，实现农村大学生的全面发展。

### （三）营造农村大学生思想政治教育的良好氛围

习总书记指出："要坚持把立德树人作为中心环节，把思想政治工作贯穿教育教学全过程，实现全程育人、全方位育人，努力开创我国高等教育事业发展新局面。"积极心理学认为人的体验和品质、环境及社会背景有关，倡导对个体积极品质形成涉及的相关社会环境因素的关注，即在群体层面主张构建积极的组织系统，包括了家庭、学校和社会三个层面。将积极心理学的理念与方法运用到农村大学生的思想政治教育之中，有利于整合各方面社会资源，建立有效的社会支持系统，形成农村大学生积极的心理防御机制，在充满爱的氛围里健康成长。也有利于营造良好的思想政治教育环境氛围，调动社会引导和家庭协助育人功能的积极性，使各种教育途径形成合力，实现教育效果的连续性和最大化，为实现农村大学生思想政治教育长效性提供机制保障。

## 三、积极心理学融入农村大学生思想政治教育的思路

将积极心理学融入农村大学生思想政治教育中，应将积极心理学的积极教育理念、人格品质的培养和组织系统的建构等运用到农村大学生思想政治教育的理念创新、内容创新和机制创新中，切实提高农村大学生思想政治教育针对性和实效性。

### （一）转变教育理念，建构积极取向的农村大学生思想政治教育模式

理念创新是实现农村大学生思想政治教育立德育人目标的前提，传统的思想政治教育模式是建立在"查找问题—批评教育—纠正问题"基础上，这种"消极取向"的模式过分强调其矫治功能，虽然不能完全等同于消极教育，但确实带有比较明显的消极特征。将积极心理学的"积极教育"理念植入农村大学生的思想政治教育之中，建立积极取向教育模式，要求教育者充分了解到农村大学生的个性特征，从他们已有的积极品质、发展愿望与潜能出发，采取以肯定、鼓励、欣赏和强化等正面为主的教育方法，建立尊重、真诚、理解、关爱、信任以及公正的教育关系。这种"积极取向"的模式更能为新时代的农村大学生所接受和遵循，可以更好地发挥出农村大学生身上的许多积极功能，从而实践积极的行为方式，进一步养成积极的人格品质，并在积极品质形成过程中克服与预防不良品德，有效提升农村大学生思想政治教育的吸引力、感染力和实效性。

### （二）丰富教育内容，注重思想政治教育中积极人格价值的引领

内容创新是决定农村大学生思想政治教育发展方向的基石，传统的思想政治教育内容

以教师说教为中心，以教材内容为重点，以社会要求为重心，把学生当作改造的对象，这种"社会取向"的教育内容过于浓郁，反而降低了教育者的威信和正面教育的影响力。将积极心理学的"积极人格"内容渗入农村大学生的思想政治教育中丰富社会主义核心价值观教育的内容，要求教育者关注和发现农村大学生的内在潜能和美德，树立起学生主体价值观，以积极人格品质培养为核心内容，激发他们主动参与思想政治教育中的积极性和创造性，形成系统又科学的思想政治观，并获得人生的意义和幸福。这种"积极人格"教育的内容更能体现出思想政治教育的人文关怀和心理疏导的时代要求，增强农村大学生在思想政治教育中的积极情绪体验，促使他们德行的良性生长和积极生成，并培养出更多更大的积极力量，从而使消极的思想和行为得以减少或者是消失，最终实现自我教育的目标，成为适应社会发展要求的身心健康的人。

## （三）改革教育机制，打造积极育人环境

机制创新是提升农村大学生思想政治教育效果的关键，传统的思想政治教育机制只限于学校、教师和教室，教育环境单一与封闭，不利于农村大学生思想政治社会化的养成。将积极心理学的"积极组织系统"植入农村大学生的思想政治教育中营造良好的协同育人机制，就是要有意识地建构社区、家庭与学校等相辅相成的教育生态系统，让学校教育、家庭教育和社会教育三者形成合力，不断地拓宽学生思想政治教育阵地，并充分发挥出教育环境中的积极因素，营造积极的人本精神和人文关怀的意境。

不难发现，这种积极的环境系统更有利于农村大学生个体形成积极的心理防御机制，避免不良环境对农村大学生人格品质的影响和对思想政治教育带来的耗散，从而形成教书育人、管理育人以及服务育人的和谐教育氛围，使农村大学生获得内心的幸福感，达到育人环境和思想政治教育的"同心、同向、同力"效果。

# 第三章　基于积极心理学的德育教育

## 第一节　基于积极心理学的德育课程实践

积极心理学强调心理学在关注人们问题的同时，也要关注人类的长处、积极品质和积极潜力等，学校德育的核心目的在于提升师生的幸福感，这和积极心理学的宗旨相契合。因而，学校德育课程可以基于积极心理学来构建，可以将积极心理学与德育课程的课程素养、课程过程有机整合。

积极心理学是 20 世纪 90 年代在美国兴起的一个新的心理学研究领域，致力于研究人的发展潜力和美德等积极品质，主张促进个人和社会的和谐发展，并且最终帮助人们走向幸福彼岸；强调心理学也要认识人类的积极品质，充分挖掘人固有的、潜在的、具有建设性的力量，从而促进个人和社会的发展，并使人类走向幸福。

积极心理学的价值定位为 5 个元素：积极情绪、积极投入、积极关系、积极成就和积极意义，简称为 PERAM。

### 一、积极心理学与德育课程素养的整合

在立德树人的总体要求基础上，德育课程的核心素养从不同维度看，分为国家认同、理性精神、法治意识和公共素养；从不同水平看，分为感性体验、理性表达、比较论证和自觉内化。

不同维度素养的整合。国家认同就是一个国家的公民对自己归属国家的认知和认同，包括价值认同与政治认同两个方面。在国家认同中，通过积极心理学的积极情绪和积极意义相关理论的学习，通过对百年中国历史的真实感受、家庭家族变化的真情体验、个体命运的真切言说，让学生真正认同本国的核心价值、政治制度、政治道路。理性精神是人们在实践活动中、认识自我中所表现出来的独立、辩证、批判的思维品质和行为特征，主要包括了独立人格、辩证思维、批判意识三个方面。在理性精神中，通过积极心理学的积极归因，学生能够用乐观的方式来探究生活中困难、困惑发生的原因，并且运用积极的方式来应对，从而培养独立人格、提升辩证思维、培养批判精神。法治意识是人们对法律的认可、尊重和遵从，其实质就是确立法律至上和依法治国的理念。在法治意识中，积极心理学的积极情绪技巧可以帮助学生有效控制情绪和管理压力，可以获得心理技巧，提升自控

性和自律性。公共素养是个体在现代社会中能够以一个公民身份有序、合理参与社会事务和国家事务的管理、治理，实现和维护公共利益，承担公共责任。积极心理学中的积极人际、积极成就和积极意义理论，都能让学生有清晰的边际意识，能够与异质群体和谐共处，面对弱势群体有仁爱之心和悲悯之情。

不同水平素养的整合。感性体验是德育课程最低层次的素养，任何更高层次的素养都离不开感性体验。积极心理学中对于主观积极情绪的体验丰富着德育课程的体验方式。比如里约奥运会上中国女排的辉煌，每一位观看比赛的学生都能感受和体验到强烈的积极情绪，而这种积极情绪的体验就是积极心理学主张和强调的。理性表达和比较运用是两种不同层次的能力素养，前者是对事物的本质、事物之间内在关系的抽象概括；后者是对同一事物的因果探究、不同事物之间的异同比较。积极心理学强调积极的力量，具有正向的、建设性的力量和潜力，例如乐观主义、自我效能、自我弹压等。积极心理学还提倡对问题做出积极的解释，一方面从多角度寻找问题的原因，另一方面从问题的本身寻找积极的意义。同样关于里约奥运会的中国女排精神，在感性体验过后，用积极归因的方式，总结思考中国女排获得金牌的原因，引导和培养学生积极归因的能力。自觉内化是核心素养评价的最高层级，自觉地将国家认同、理性精神、法治意识和公共素养以自身外在行为给予呈现。而积极心理学所追求的价值目标和思想政治（品德）的课程目标是一致的，我们可以想象，一个积极乐观、善于体验幸福的人，会在思想道德上明礼诚信，在政治上爱国守法。

## 二、积极心理学与德育课程过程的整合

积极心理学与德育课程过程的整合，不仅体现为在教学内容中呈现积极心理学的相关知识，更重要的是教师要掌握一定的积极心理学知识，用积极心理学的价值和理念来选择教学内容、组织教学流程。

积极情绪的运用。通过创设相关情境，使教育情境具有思想性、知识性的同时更具有情感性、艺术性，从而让学生不由自主地生成积极的情绪，比如好奇、兴趣。教师要在教学中先人一步激发自己的积极情绪，通过自己的积极情绪来唤醒学生的积极情绪，通过学生的积极情绪来强化自身的积极情绪，从而使课堂充满民主平等、和谐融洽的课堂氛围，提高思想政治课教学的感染力和实效性，通过晓之以理达到动情之目的。由于高中德育课程内容理论性强，在教学实践中，教师对教学内容进行由浅入深、由表及里、入木三分的分析，往往能够改变学生的认知结构，而认知结构的改变则会改变学生对同一事物的价值判断和满足体验，从而最终让学生生成和体验积极情绪。

例如在讲授《民主决策》时，教师通过"谈谈我们的食堂，评评我们的饭菜"导入新课，打开学生的话匣，激发学生惊奇、惊喜、兴趣和期待等积极情绪；通过"我的饭菜我建议"的探究活动，让学生对学校食堂饭菜质量、价格水平进行直接参与决策，激发出学生的参与感；而学校食堂的及时反馈和调整更加激发了学生的满足感，也大大加深了学生

对教材知识的理解。

积极人格的运用。有效提升学生的个体自尊，这既是积极心理学的重要主张，同时也是德育课程的价值归宿。在德育课程中，教师可以通过三个途径有效提升个体自尊：第一，提升学生课堂的归属感。在满足基本安全感的同时，更加满足学生的认同感，简单来说就是构建积极的师生关系，实现课堂归属感。第二，提升学生对学业的控制感，实现学生自尊水平的提高。简单来说，就是教师要给学生提供适当的、有适度挑战性的任务；同时学生也要建立适当的自我期望，对任务的完成程度有正确的自我评价。第三，组建相对稳定、特质各异的学习共同体。在学习共同体中，每个学生因为一个共同的学习任务，通过不同学习角色参与其中，从而提升学生的积极人格。

如在讲授《树立正确的消费观》时，教师应布置不同层次的预习任务：针对学业能力一般的学生，让其通读、梳理教材基本知识，建构个性化的思维导图；针对能力较好的学生，让其收集生活中的相关案例进行佐证；针对选考政治学科的学生，可以在前两者基础上，对一些观点进行比较和辨析，在比较和辨析中提升自我知识运用能力。同时将不同层次的预习任务，布置给不同的学习共同体，让学习共同体的成员能够在自主选择、自由交流中提升个体自尊。

积极归因的运用。在课堂教学中，成功体验越多，学生的自我效能感就越强，就会把成功的原因更多地归结为自己的努力和能力，从而又激发了学生的学习动机，形成积极的归因风格。同伴的态度对于个体归因风格的形成有着重要的影响，因此，通过学生之间进行学习经验的传递，要比师生之间的传递效果更好，学生更善于从同伴那里获得成功的经验，教师也应根据学生反馈情况进行有效引导，帮助他们对学习结果进行积极归因。

在考试分析和学业反思过程中，教师通过学习共同体评价法帮助学生积极归因。相对而言，学生对同伴的评价更趋向积极归因，更倾向将同伴学习成功的原因归结为同伴自身的努力，而将学习失误的原因归结为外在的偶然因素。在具体实践中，教师提出评价要求，同伴评价不仅要给出评价等级，更要说明给出该等级评价的理由，并且越具体越好、越细节越好，最后在组内进行分享，最终形成学习共同体集体评价，这个集体评价占40%的学业评价权重。这样不仅凝聚了学习共同体的向心力，也有助于学生个体正确分析学习中成功和挫折的原因。

## 第二节　基于积极心理学的中小学校德育探究

青少年的德育在学校教育中占有重要地位。目前我国中小学校的德育存在着"灌输式""知识化"和"应试式"的问题，对于身体和心理都在迅速发展变化的青少年来说是很不适应的。基于积极心理学的德育，充分发挥心理健康教育的德育功能，培育青少年学生的积极人格特质，培育和激发引导青少年学生的积极情绪情感，通过积极情绪情感体验进行德育，为青少年学生的德育开辟了新的途径。

青少年是祖国的未来、民族的希望，是我国未来社会主义现代化事业的建设者和接班人。他们的思想品德素质如何，直接关系到祖国的前途和民族的命运，做好青少年的德育是教育的重中之重。在我国，是十分重视德育的，教育方针明确指出要培养德、智、体等方面全面发展的社会主义建设者和接班人。学校有系统的德育课程，有明确的德育目标，绝大部分的家庭，也都会通过不同的方式对孩子进行思想教育和道德品质的培养。但由于时代的发展，改革开放带来的社会大环境的变化和影响，青少年德育工作面临着前所未有的挑战和困难。新时期的青少年，他们思维敏捷、自我意识强，也更容易产生逆反心理。无论是学校教育，还是家庭教育，德育大多还停留在灌输和考试、说教和强迫的方式上，往往很难达到预期的目标。随着心理健康教育的兴起，人们发现把心理健康教育与德育融合，通过心理健康教育的德育功能进行德育能收到良好的效果。而基于积极心理学的心理健康教育应用于青少年的德育，能更好地发挥心理健康教育的德育功能，为青少年在学校的德育开辟新的途径。

## 一、学校德育存在的问题

由于历史的原因，我国学校德育存在着政治化的倾向，在内容到形式上基本上是为政治教育所代替。德育在内容上是大道理的说教，往往只关注于对国家形势政策的宣传和理解等国家大事。在形式上往往不是假、大、空，脱离学生实际，就是虚、浮、躁，甚至不着边际，教育成效甚微。

另一方面，"灌输式""知识化"的德育教学模式大行其道，学生被强迫"死记硬背"一些政治观点和条文规范等。同时重智轻德的现象普遍存在，在德育被弱化的大背景下，学校和教师都不愿投入德育的研究和改进，使得学校德育模式单一和落后，跟不上时代的发展和形势的需要。

青少年正处在身心发育期，无论是身体还是心理都在迅速发展变化。身体生长发育进入高峰期，而心理发展却处于转折期。身体的发育使他们自我意识日益强烈，渴望像大人一样独立自主，而他们的心理还处于不成熟期，他们的认知、情感和个人意志都容易出现波动，容易出现逆反心理或接受心理障碍。"空泛"地讲大道理进行"说教"、强迫学生接受的德育模式，忽视他们的心理和感受，不关注他们的接受心理问题，就必然会引起他们的反感，实效性必然较差。

## 二、心理健康教育的德育功能

随着心理健康教育越来越得到重视，以及对德育功能的不断认识，人们已充分认识到德育与心理健康教育有着必然的紧密联系。无论是道德教育还是心理健康教育都注重从内心世界出发，以此作为主阵地去培养学生，帮助学生形成正确的人生观和价值观。越来多的教育者尝试根据中小学生生理、心理发展特点和规律，运用心理健康教育和德育的理论和方法，研究和探索心理健康教育的德育功能，以期提高德育的实效性。

积极心理学从关注人类的疾病和弱点转向关注人类的优秀品质，关注人所具有的种种美德、积极品质、积极能力和积极潜力等人性中的积极因素。基于积极心理学的心理健康教育，就是采取积极的态度激发学生的积极心理因素和潜能，引导其积极向上，主动地追求健康、成功、快乐和幸福的体验；就是要培养学生积极健康的心理因素，培养积极的心理状态；就是要激发和培养学生积极的心理品质和积极向上的人格品质。而这些正是德育的功能，正是青少年德育要达到的目标。

## 三、基于积极心理学的学校德育途径

### （一）培育青少年积极的人格特质

青少年在接受德育时，除了受自身认知水平的影响，还受当时心理状态的影响。良好的心理素质能够提高个体的思想认知水平，同时也能够乐意接受德育。一个人如果没有健康的心理，就会产生消极的情感体验和心理感受，这时候就会对事物失去兴趣，产生抵抗甚至逆反的心理。另外，心理学告诉我们，青少年的心理容易产生波动，当其处于矛盾、消极等不良心理状态时，对德育容易出现接受心理障碍，即在需要、认知、情感、意志等心理方面出现异常情况而导致接受情况出现偏差，产生怀疑、排斥、否定等心理。

积极心理学认为，激发人的积极健康的心理因素，使之产生轻松、愉快、成功、幸福等积极的情感体验和心理感受，能够有效消除消极的心理因素，抵制不良的逆反心理，消除接受心理障碍。同时积极的心理因素有利于培养青少年好奇、热情、开放、乐观等积极人格特质，形成优良的品格。因此，要提高青少年德育的实效性，必须运用积极心理学的理念，培育青少年积极健康的心理素质和积极人格特质，使之树立良好的心态，形成良好的自我品性。青少年只有具备了良好的心理素质和的人格特质，才能主动、自觉地接受德育，使自我的心理需求与德育形成合力，使德育收到事半功倍的效果。

### （二）培养青少年学生的积极情绪情感

学校的德育包括课堂教学和课外教育活动，两者都可以通过培养学生的积极情绪情感来达到较好的效果。

1. 在课堂教学中培养学生的积极情绪情感

学校教育以课堂教学为主，课堂教学在传授知识的同时，更应通过培养学生的积极情绪情感，养成积极向上的个人道德意识和思想品质。在教学方式方法上，采用"体验式""互动式""情境式"的教学方式。通过创设情境，让学生积极参与互动、参与体验，通过积极的体验、感悟和反思，内化积淀成自己的道德行为。例如把思想品德课教学设计成生动的活动、游戏和情境,让学生走出课本,积极参与、观察、反思、分享,在各种情境和活动中体验、学习,体验积极的情绪情感。让学生通过亲身体验与感悟,形成正确的道德观和养成良好的行为习惯。

2. 在课外活动中培养学生的积极情绪情感

丰富多彩的课外活动有利于培养学生的积极情绪情感。学生通过身体力行的活动体验,很容易调动积极性,激发其积极的情绪情感。课外活动可以多样化,可以是参观学习;可以是集体劳动、志愿者活动等;可以开展科技活动、手工制作等;也可以开展文体活动、知识竞赛等不同方式。通过精心设计安排的有意义的课外活动,将思想教育、良好品德和积极情绪情感培养融入活动中,对学生起到潜移默化的教育作用。只有通过大量积极有意义的活动,不断激发和培养学生的积极情绪情感,才能有效地培养出学生高尚道德品质和道德情操、集体主义精神、互助友爱精神、劳动态度等。

## (三)激发和引导青少年学生积极的情绪情感体验

积极的情绪情感体验是积极心理学的主要内容,积极心理学的研究表明,通过积极的情绪情感体验可以增强人的思想和行为能力,有利于主动、高效地学习。对于青少年学生来说,学校在德育中引导学生积极情绪情感体验应做好如下几点。

1. 教师的积极评价,让学生体验自信

学生往往非常在乎教师的评价,教师对学生的积极评价将对学生产生积极影响。因而教师要注意多给予学生鼓励性评价,要给予学生更多的自信。尤其是对那些表现不太好或学习成绩不理想的学生,情绪容易低落的学生,教师更应善于发现学生的优点,给予发展性的评价,要用发展的眼光看待每一个学生。需要批评时也要注意方式方法,要注意引导其激发潜能、树立自信。另外,有的学生出现情绪低落或不求上进时,往往是因为没能进行正确的自我评价,认为自己不行,对自己没有信心。教师要引导学生进行积极的自我评价,要积极肯定自己的成绩和进步、肯定自己的能力,通过自我激励鼓起勇气和自信,积极面对自己的过去,克服悲观消极、自我否定的情绪。教师要善于发现学生的进步,经常给予鼓励性、发展性的评价,让学生获得成功的、自信的体验,从而激发其向上的斗志和前进的内驱力。

2. 构建良好班级集体,让学生获得温暖幸福的情绪体验

进行良好班级的建设,构建良好的班级制度文化,开展丰富多彩的班级活动。一个积极向上充满活力的班级,一个和谐友爱团结一致的班级,一个有着优良班风和凝聚力的班级,是每一个学生温暖的家。学生在班级集体中获得幸福快乐的情绪体验,每天都心情愉快、精神振奋,就会产生积极的情绪,就会欣然地接受教育。学生在班级集体中在互相关爱、互相帮助中获得爱和友谊的愉悦体验,有助于培养集体主义精神和包容之心、仁爱之心和感恩之心。

3. 描绘美好未来，激发学生美好、乐观、积极热情的情绪体验

教师要经常向学生描绘未来，结合中国梦向学生展现祖国美好的前景，引导学生向往未来，编织人生梦想，为自己构想美好的将来。要注意引导学生的梦想形象化、具体化，如做个航天员开着飞船在太空中遨游，做个医生治病救人，做个发明家、科学家、教师、工程师等等，并把个人的梦想融入祖国建设和发展的伟大中国梦中。有了梦想，乐观地看待和向往未来，就能获得积极的情绪体验，激发出实现美好梦想的热情和行动，在实现个人理想的同时为实现中国梦而努力。

## 四、基于积极心理学的中小学校德育对教师的要求

学校的德育活动，主要是通过教师来完成的。情绪体验式的德育，要求教师要善于培养和发掘学生的积极情绪、善于调动和激发学生的积极情绪、善于引导学生通过积极的情绪体验来促进学习和成长。要培养学生的积极情绪情感，教师自身首先要具备积极的情感因素，只有充满积极情感的教师，才能培养出具有积极情感的学生。教师要具有高尚的道德品质和积极的人生态度，要有广博的知识，仪表仪容要大方得体，语言和行为要规范健康。同时要注意做好如下几个方面。

### （一）以身作则，言传身教

青少年在学校里生活，每天都和老师接触，往往是以老师为榜样，老师的言行举止会对学生产生深远的影响。教师要真正做到为人师表，就必须以自己丰富的内涵和积极的人格魅力吸引学生、影响和感染学生，学生在模仿、学习教师的过程中得到积极向上、轻松愉快、乐观满意的积极情绪体验，在潜移默化中不断吸收正能量，培育和养成积极健康的优良人格特质。

### （二）热爱学生，关心学生

青少年学生正处于身心发育期，他们的情绪情感很容易受到波动，他们很在乎老师的态度，渴望得到老师的爱护和关心。教师要关心和爱护每一个学生，关心他们的生活、学习，关心他们的喜怒哀乐。老师要做到平易近人、和蔼可亲，严格要求时也要以爱为前提，以爱为基础，既要做到严而不纵，更要做到严而不凶，严中透着真挚的爱。浓浓的师爱会带给学生良好的情绪情感体验，很容易激发和培养起学生积极健康的情感。学生在体验师爱中建立起与老师互动互通的情感，就容易认同和接受学校的教育，产生良好的教育效果。

### （三）尊重学生，相信学生

当一个人受到尊重时就会产生积极的情绪体验和良好的心理感受。青少年学生虽然是未成年人，但情绪体验和心理感受是一样的，所以教师要尊重学生，尊重学生的自尊心、人格和个性，要平等对待每一个学生，包括表现不太好的所谓"差生"，要相信每一个学

生，要善于发现学生的积极因素，要善于肯定学生，尤其注意不要挖苦、讽刺和贬低学生。要让学生在被尊重和被肯定中获得良好的情绪情感体验，产生愉悦的心理感受，激发并树立起自信心，而自发地驱动其积极行动。

## 第三节　基于积极心理学的班主任德育管理案例

教育是一件与人打交道的工作，必然涉及教育双方的一系列心理活动，积极地运用教育心理学的相关知识，有助于改善师生关系，提升教育教学效果。近日研读陶新华教授的《教育中的积极心理学》，很受启发，更有共鸣，也更加肯定了自己在班主任工作中的一些成功做法，原来都有心理学理论的支撑。

笔者曾任国际预科班的班主任，如果以中考分数作为评判标准的话，班级多数学生都是不合格产品。经过相处也发现很多学生不仅是学习成绩的问题，更多的是学习习惯、行为习惯的问题，他们缺乏明确的学习目标和学习动力。有时候，真的会感到很失望，但是，在班主任班级管理实践中，笔者不自觉地运用积极心理学的相关理论，却收获了意想不到的教育成效。

班级有一位张同学，学测考试前，各门科目都亮起了红灯，任课老师心急如焚。因此，新学期伊始便和张同学父母进行了一次深入的沟通，真相令人唏嘘。原来，张同学之所以来我班上学，都是父母为其选择的结果，父母希望他将来去欧美名校，而张同学却毫无兴趣，他更感兴趣的是成为一名漫画师，并为此自学日语，去上海、南京等地参加动漫活动，在入学后的一年半里他家中经常爆发家庭战争，这样笔者就能理解张同学在学校的行为和学习表现，原来是他和父母之间战争的延续。

直到现在，笔者清晰地记得痛斥张同学父母糊涂时的场景，直言他们是要把孩子逼上绝路。第一个理由就是加德纳教授的多元智能理论，新时代的人才就是从自己的天赋、爱好出发，愿意为之投入全部的时间和精力，只有这样才能成为专业领域的人才，你们期待孩子在自己不喜欢的领域出成绩是不现实的，孩子过去在家里和学校的表现，表示了顽强的抵抗决心，而你们却选择视而不见。其次，张同学展现出在漫画创作和日语学习方面的惊人能力，父母表示张同学有大量的漫画创作，自学日语，可以不借助翻译欣赏日语原版动漫影视作品。我告诉张同学的父母，孩子的坚持是以行动为基础的，他不只是说说而已，你们应该支持他的想法。退一步讲，即使按照你们的意愿，坚持让孩子去欧美留学，将来鞭长莫及，语言不通，无法顺利完成学业，这是你们愿意看到的吗？最后，强烈建议他们考虑孩子的愿望，满足他学习漫画的愿望，尊重孩子的选择。只有这样，才能激发孩子的学习兴趣，挖掘孩子最大的学习潜能，这样孩子才可能成才。言语至此，他的母亲失声痛哭，虽不完全承认自己强逼儿子的错误，但应该已经对自己的思维方式和行为进行反思。

李同学是班级里的重量级人物，行动和反应相对比较迟缓，有时候迟缓到你会认为他是故意的。凡是老师和他的交流，基本都是无效的，他会用"哦""嗯"等单音节字应付你，即使是在课堂上睡觉，叫醒他也是一件充满挑战的事情。但就是这样一位同学，却也会因为某些瞬间发生改变，就像完全换了一个人。

新生入学军训期间，经过一周艰苦的操练，会操在即。然而，总是有个念头挥之不去，李同学的训练状态根本不能参加会操，因为他似乎永远跟不上教官的口令，以致他一直无法跟上队伍，落后两步是常态。你可以想象经过多日训练，全班基本上已经训练有素，却总是有位同学落在队伍后面的尴尬场景。你可能会问，班主任、教官会容忍这种情况吗？当然不会，我们都是气急败坏的，罚站、单独训练，训练间隙做思想工作，然而这一切都没有起到丝毫作用，因为他几乎没有任何反应，任你心急火燎。多年后，经过与他母亲的多次沟通，我才知道在他短暂的生命历程里，已经经历过太多的说教甚至辱骂。而我们所做的和过去的老师、家长所做的又有什么区别呢？其实，他只是一个没有受到应有尊重，没有被家长、老师接纳的可怜孩子。但当时我们还是会想，这孩子是不是有什么毛病？

于是，会操前一日放学后，就有了一个菜鸟班主任和他之间最无奈的对话，我说："鉴于你连日来军训的表现，要求你退出会操比赛，原因是你在场，我们班级的会操成绩就全毁了。"对此，他的反应很冷淡，就好像早已在他的预料之中，但是，当晚我就意识到这是我做老师以来做得最糟糕的一件事，并决心弥补这个错误。第二天一早，我在全班同学面前公开承认自己的错误，并且诚恳地向李同学道歉，请求他的原谅，并且表示无论会操结果如何（最不济也就是三等奖），他都是班级必不可少的一分子，会操成绩对我、对我们班不再那么重要，有他的参与才最重要。就这样，我们接纳了他。

然后，就发生了我的教育史上的奇迹。会操比赛上，李同学全力以赴，精神焕发，步履整齐地和全班同学一起，赢得了预科班历史上唯一的一次军训会操一等奖，而这将是我永远引以为傲的事情。虽然，无条件接纳一个人很难，但是一旦接纳，它也会改变被接纳者的思想和行动。在过往的学生时代，他大概很少被接纳，被温柔以待吧。他被周围的世界不断围剿，没反应或者反应慢，只是他的一种自我保护，然后慢慢形成习惯，但是这并不代表他永远不会发生改变。所以，他才会对接纳自己的世界，哪怕只是一瞬间做出最大的回应。

## 第四节　基于积极心理学的我国德育目标的变革研究

教育是有目的地影响人的活动，而德育却是教育的核心。积极心理学是一门挖掘人的潜力与培养人的美德及其积极品质的学科，它以人们追求幸福生活为终极目标。面对我国德育目标的发展轨迹，我们找寻到积极心理学在其变革中的影子，当然目前在其中的体现还不够，今后教育政策的制定者还需要加大积极心理学思想与理念在德育目标中比重，以便于能指导我国德育目标向更人性、合理的方向去变革。

德育是我国教育事业的核心，在引导国民的思想与道德水平方面起着非常关键性的作用。我们从小学一年级就开始学习思想品德课程，到大学课堂我们仍然学习大学生思想品德修养。这些年的理论沉淀，是否能让我们国民在具体德育活动实践中实现了德育目标制定者的观念中所提出和设定的目标呢？事实显示的情况是，我国国民包括天之骄子大学生群体，他们并不是越来越关心我国的政治而是远离政治，现如今中国人活得越来越小我了，连基本的信仰都没了，道德状况更是令人担忧。

## 一、问题提出的相关研究背景

### （一）目前我国社会的现实状况

据美国《纽约时报》中文网一篇文章《为什么他们要离开中国》指出：外国人要离开中国是因为他们越来越不满意中国有太多的"潜规则"，甚至连中国人自己都要"跑路"，那究竟又为哪般呢？

虽然，中国经过了三十多年的改革开放，经济上获得了高速的发展。中国人的物质生活水平是大大提高了，但同时带来的一个较严重的后果就是一切向钱看的"唯物主义"。这是一个物欲横流的社会，这里的高速发展是以环境破坏、质量低下为代价的。中国人现在的生活状况是富于物质，贫于精神生活，我们国民缺乏一定的道德观和价值观。

当然还有很多，比如政策方面的朝令夕改、教育体制的弊端、环境恶化、交通堵塞等因素，已经数不清楚了。这些说明什么问题？我们德育并没有达到预想的目的，社会现状不容乐观，国民的道德状况有滑坡现象。德育的制定者知道德育目的的重要性，所以他们也在不断调整德育目的，尽量与时俱进，不断反省认识，调整教育方式，以控制德育的整个过程。

### （二）关于德育目标的文献总结

在德育目标界定方面，大家各抒己见。桑新民认为德育目的就是培养德行，即构建人的良好德行修养境界。这一界说有点混淆了德育目的与功能之间的差异。刘恩允认为德育目的反映的是教育者"想干什么的"思想。而从心理学角度来看，"目的是主体一种设计、期望，是实践所要达到的目标，是人在活动之前思想上设计的活动结果。所以目的的一个基本特征是其主观性。目的反映主体的需要，是主体的一种价值的追求，是人对于自己需要的自我意识。人是根据需要提出目的的，目的所追求的不仅仅是客观必然性的实现，更主要的是自身需要的满足"。从这些文献中关于德育目标的界定我们不难看出我国德育目标越来越具有针对性与时效性，已经在逐步回归人的本性。所以，我们的德育应该从积极心理学层面来关注人的需求，满足人的主观需要，才能挖掘出人积极、向上、健康的心理品质。

## 二、积极心理学的基本内涵

积极心理学（positive psychology）是利用心理学目前已比较完善和有效的实验方法与测量手段，来研究人类的力量和美德等积极方面的一个心理学思潮。[4] 积极心理学的基本思想在于强调人本身所固有的积极因素，强调人的价值与人文关怀，主张心理学的研究要以人实际的、潜在的、具有建设性的力量、美德和善端为出发点，用积极的心态对人的心理现象（包括心理问题）做出新的解读，并寻找其规律，从而激发人自身内在的积极力量和优秀品质，并利用这些积极力量和优秀品质来帮助普通人或具有一定天赋的人最大限度地挖掘自身的潜力并获得幸福的生活。因此积极心理学注重培养积极的个人特质：爱的能力、勇气、宽容、创造性和智慧，注重发掘这些品质的根源和效果；注重研究公民美德和如何让社会组织由那些具有责任感、有职业道德的公民的个体组成。

## 三、新时期我国德育目标的出发点分析

德育目标是德育工作的出发点和落脚点，而目前我国德育目标过于理想化、空洞化和政治化，主要原因还在于我们德育目标的制定者主要从满足社会的需要去设计德育目的而不是关注个体的需要；没有很好地领悟积极心理学的发展对德育工作提出的新的问题与挑战。社会一旦出现问题，就让德育去救火，这必然导致了德育背负了其自身无法承受的目标，结果带给国民的是失望。

所以新时期，党和政府都看到了问题，也在积极地改善问题。同时，大家也在德育目标方面达成了共识：德育目标的出发点必须是尊重学生的个体差异，尊重学生的个体需要，尊重学生的个体选择。注重培养学生积极的心理品质，努力为学生个体身心发展创造良好的环境，培养学生健全的人格，让人人都活得有尊严，人人都能幸福。

## 四、重建以人为本的道德教育目标

（1）以人为本的德育，重视人对幸福的追求。追求幸福是个体的基本需要，也是个体行为的基本动力。

德谟克利特认为人的本性是追求快乐的。道德品质不是一种固定不变的美德，而是深刻的情绪倾向和防御心理。苏格拉底认为：有道德的人是幸福的。那么无视个体幸福的德育是不道德的，也必然是低效的。幸福与美德并不是对立的，拥有幸福和拥有美德并不矛盾，通过德育完全可能实现。亚里士多德明确指出：幸福就是德行。幸福是个体的最根本的需要和人生最根本的追求，属于人的心理和行为的动力系统，它对人的行为，包括道德行为，起着指引、激励、调节、维持的作用，直接影响着个体行为的积极性。

（2）以人为本的德育才能让人拥有幸福，而幸福的人才具有积极的心理品质，反之

能促进个体道德境界的提升

由于个体幸福是大众幸福的基础,所以我们党和政府要充分尊重、保护和提升个体的幸福指数。因为只有幸福的人才能表现出更有热心、耐心和爱心,只有幸福的人才是身心更健康的。所以我们必须从积极心理学的角度提升我国国民的幸福感指数,将国民的德行养成与幸福感提升融为一体,将有助于我国德育目标改革的顺利推进。我们一定要吸取过去德育改革的教训：只看见社会目标的德育必然导致了我们今天社会风气的败坏。

（3）在我国教育的各个阶段重点突出以人为本的德育思想

积极心理学的主要思想就是要以人为本,提倡积极的人性观。所以我们现代的德育要充分体现这一思想,才能充分发挥每个学生的心理潜能,为实现让每个人都能幸福生活的目标创造条件。我们的中小学,乃至大学都需要从认识到行动上切实以积极心理学的理念为指导,培养具有积极心态的人民教师,建立一套行之有效的德育制度,开展丰富多彩的活动从心灵上熏陶学生,从行动上感染学生,努力把我们的学生培养成为有理想、有道德、身心健康的一代新人,让他们成为一个有德性和道德高尚的人。

我国目前的德育目标改革之路还很漫长,而重视培养学生独立人格,能够在一定程度上满足多元社会对德育的要求,也是当前我国品德课程改革的一个重大任务。当然这个环节只是一个基础环节,德育工作特别应该从关注个体需要出发,以人为本,培养学生"独立人格",做一个幸福的人则是德育目标不可偏离的宗旨。

## 第五节　生命教育的反思与建构——基于积极心理学的诠释

积极心理学主张以人固有的美德和善端为出发点,提倡用积极的心态对人的心理现象和问题做出新的解读,致力于研究生命的积极情绪、积极力量和积极品质,使人真正成为健康并懂得幸福生活的人。

生命教育是基于生命、通过生命、为了生命的事业。生命教育不能仅仅停留在保护生命安全、矫正生命问题的初级层面,更要基于学生生命的内在诉求,充分挖掘生命潜能,培养生命积极力量,使生命更有意义、更有价值。积极心理学主张以人固有的美德和善端为出发点,提倡用积极的心态对人的心理现象和问题做出新的解读,致力于研究生命的积极情绪、积极力量和积极品质,使人真正成为健康并懂得幸福生活的人。积极心理学有关生命积极层面的研究,为生命教育的开展提供了新的视角和重要的心理依据。

### 一、背离积极：当前生命教育的消极倾向反思

国内生命教育兴起近二十年,在引导青少年认识生命、保护生命等方面发挥了重要的作用,尤其是近年来国家层面有关生命教育政策的出台,将生命教育推向了新的高度。然

而，从积极心理学视角审视生命教育的现状，无论在价值取向、目标内容还是方式方法上都存在不同程度的消极倾向，使生命教育陷于尴尬的境地。

价值取向上，过于强调生命问题的矫正，而忽视了生命积极力量的培养。有学者指出，"迄今为止所有以'生命教育'为标识的生命教育理论和生命教育实践都是某种'问题意识'的产物，即自然生命问题和精神生命问题的产物。"生命教育本身具有矫治功能，清醒地认识到青少年存在的生命问题并加以矫正，在一定程度上有利于促进青少年生命的健康发展。但当下的生命教育几乎把全部的注意力聚焦于青少年生命存在的问题（如自杀、暴力、抑郁、人身意外伤害等），由此陷入了一个深层次的误区，即把没有问题等于生命健康发展，把问题解决当作生命教育目标的实现。事实上，解决生命问题只能造就正常的普通人，而不是使人更优秀、更幸福。况且生命问题的流变性和多样性趋势加强，生命教育无法全面预测、解决生命可能面临的所有困境。受这种问题化取向的影响，教师的眼里只有学生的生命问题，而没有完整的生命；只知道发现并矫正学生的生命问题，却忽视了学生生命潜能的发掘和生命积极力量的培养，致使生命教育在消极误区的道路上渐行渐远。

目标内容上，过分强调保护生命安全，从而忽视了生命的价值诉求。面对青少年安全问题，一些教育部门和学校将保护生命安全当作生命教育的最高目标，并以此为理由，减少了学生户外运动的时间，甚至取消了春游、秋游。生命教育在实践中被简单等同于安全教育、健康教育，一味强调青少年自然生命的安全，忽视了其社会生命的拓展和精神生命的提升。从积极心理学的视角看，追求幸福是人生不证自明的主题，持续的幸福包含了积极情绪、良好的人际关系、生命的意义和价值等要素。停留在生命安全层面的生命教育被人为地割裂了生命的完整性，没有能力触及生命意义追问、生命价值实现、生命幸福获得等生命的积极层面，不能从根本上满足青少年生命的积极诉求。

方式方法上，过多强调生命教育的外在效应，忽视了生命教育的真实效果。一些学校将生命教育标签化，将思想政治教育、心理健康教育、安全教育、青春期教育、校园文化活动等统统贴上生命教育的标签，而无提升生命质量之实，生命教育被泛化于无形；一些学校将生命教育等同于生命知识教育，将鲜活的生命对象化、知识化，窄化了生命教育的形式；还有一些学校举着生命教育的旗帜，加入了生命教育实验校、实验项目的行列，热衷于生命教育方式方法的花样翻新，将生命教育当作学校评比竞赛、获取社会资源、标榜素质教育的工具，喧嚣热闹的外表难掩其实质内容的空洞和肤浅，生命教育往往流于形式。在一定程度上，上述生命教育的实践方式可能是以不严肃的方式从事着一个严肃的事业，使生命教育的实效性大打折扣。

## 二、追寻积极：生命教育意蕴的心理诠释

生命教育的意义不仅在于引导青少年认识生命、珍爱生命或矫正生命存在的问题，更在于遵循青少年生命内在成长的需要，通过挖掘青少年生命固有的积极潜能、培养生命的

积极品质，引导青少年追寻生命的意义和幸福，实现生命的价值。从积极心理学视角看，生命本身蕴含着丰富的积极力量，需要生命教育进行充分的挖掘和精心的培育。

积极潜能是生命教育得以开展的重要前提。积极心理学认为，人的未完成性和未特定化使人的生命存在着某种优于其他生命形式的源泉——生命潜在的力量，这种力量的不断累积推动着人类社会的向前发展，并且在人类进化过程中以遗传的方式深深地烙印在生命的基因里。现代脑科学研究表明，每一个人的生命都蕴藏着丰富的潜能，人类已开发的潜能与尚处在潜伏状态的能力相比，仅占5%左右，而且这些潜能是具有积极倾向的。多元智力理论也认为，每一个人存在不同于他人的智力潜能和优势，不同的人有不同的智力组合，只要具备合适的环境，通过正确的教育引导，生命的潜能就会被激发，生命的优势力量就会被得以展现。因此，生命积极潜能的挖掘与发现应当成为生命教育的首要任务。

积极情绪是开启生命教育之门的重要通道。生命本能地存在消极情绪和积极情绪。在人类进化过程中，消极情绪在非输即赢的生存游戏中扮演主角。在教育、学习等过程中，快乐、满足、幸福等积极情绪会驱动我们的行为，引导我们呈现更多的利他行为。积极心理学家芭芭拉·弗雷德里克森认为，"积极情绪能通过拓展—构建个体当下的思想或行为资源，并在此基础上帮助个体建立起长期的个人发展资源（包括身体资源、智力资源和社会性资源等）"，从而使个体生命在人际交往、身心健康、精神成长等方面更成功，获益更多。简言之，积极情绪建构扩展着生命的广度，是达成生命教育目标的有效路径之一。

积极品质是生命教育价值实现的重要维度。生命以幸福为目的，幸福是生命教育的价值追求。任何时期，"追求幸福是每个人的生活动力，这是一个明显的真理"。积极心理学之父塞利格曼研究得出幸福的经典公式：$H=S+C+V$，$H$是幸福的持久度，$S$是幸福的范围，$C$是生活环境，$V$是自己可以控制的因素，其中$V$是幸福最关键的因素。在自己可控的因素当中，积极的生命品质是幸福的真正来源，人性的积极品质是人类赖以生存和发展的核心要素。积极心理学家用科学的方法归纳出各类文化推崇的实现生命幸福的24项积极品质，即好奇心、热爱学习、判断力、创造性、社会智慧、洞察力、勇敢、毅力、正直、仁慈、爱、公民精神、公平、领导力、自我控制、谨慎、谦虚、美感、感恩、希望、灵性、宽恕、幽默和热忱。生命教育只有重视和培养这些积极生命品质，才能使人更容易获得持久的幸福，进而实现生命的价值。

## 三、走向积极：生命教育的积极范式建构

当前生命教育存在的消极倾向和生命教育意蕴的心理诠释为生命教育从消极走向积极提供了现实和理论依据。本节认为，走向积极的生命教育既是对以往生命教育消极倾向的批判反思，也是对现实生命教育的一种模式创新与范式变革。建构生命教育的积极范式需要遵循"认同积极、体验积极、塑造积极、融入积极、共创积极"的逻辑理路，在目标、理念、内容、方式等方面实现根本性的转换，从消极走向积极。

认同积极：树立为积极而教的目标理念。走向积极的生命教育坚持积极人性取向，主张将生命教育的重心从全力矫正青少年生命问题、弥补缺陷转到积极发掘青少年生命潜能、培养优势上，以积极的视角对青少年生命成长过程中的问题做出积极的解读，从而促进青少年生命的蓬勃发展。积极生命教育的实施需要教育工作者认同积极、相信积极的教育力量，将发现与挖掘生命潜能作为教育起点，将生命幸福与生命价值的实现作为价值追求，树立为积极而教的理念，相信每一个青少年都有无限的生命潜能，每一个青少年都各有所长，每一个青少年都能通过展现生命优势、增进生命积极体验、培养生命积极力量实现生命的幸福和价值。即使面对青少年出现的生命问题，教育工作者也应坚持育人至上的原则，用生命去呵护生命，用生命去唤醒生命，用生命去润泽生命。

体验积极：增强生命自主发展的内驱力。走向积极的生命教育不仅要认同积极，注重发掘学生生命的潜能与优势，而且也要通过积极体验唤醒生命的积极情感，增强生命的自觉。只有体验的东西，才能内在于人的生命之中，融化为生命的一部分。从这个意义上说，体验是进入生命的唯一通道。人的生命当中既有积极的事件，也有消极的事件。成功、幸福、友善等积极事件可以使青少年体会到积极的力量，学习积极的观念，获得积极的体验，增强生命的正能量。失败、挫折、亲人离去等消极生命事件，虽然会带来一定的消极体验，使生命产生内在的张力，但如果能从不幸事件中看到积极的因素或方面，那么这种体验同样具有积极性。因此，不论身处顺境还是逆境，通过体验都能激发出生命的积极力量，增强生命发展的内在动力。

塑造积极：培养生命蓬勃发展的品格优势。走向积极的生命教育认为生命的积极力量与消极力量是两个相互依存又互相独立的变量。虽然消极力量的消除在一定程度上有利于促进积极力量的产生，但积极力量的产生更多地依赖生命积极因素的累积，而且随着生命积极力量的增强，个体抵抗和预防消极的能力也会增强。因此，生命教育应将生命积极力量的塑造作为重点，通过创造积极的条件，在充分发掘青少年的生命潜能和优势的基础上，培养青少年自信、乐观、坚韧、宽容、爱等积极生命品质，进而形成积极健康的人格。生命教育强调青少年生命积极品质的培养并非忽略学科知识的学习或者忽视青少年社会责任感的培养，相反，通过塑造积极生命品质，可以更好地引导青少年以积极乐观的生活态度，面对挫折和困难，勇于承担社会责任，学会珍爱自己的生命，尊重他人的生命，健康快乐地学习，感受生活的幸福，并促进生命的蓬勃发展。

融入积极：拓展生命教育实施的有效载体。

走向积极的生命教育从理念变为现实需要以更加积极的方式来推进。比较理想的方式是根据青少年的不同年龄阶段，开设校本化的积极生命教育课程，但是这种方式对教师的生命素养和教育资源有着较高的要求。除此之外，在学校生活中全方位融入积极生命教育是一种切实可行的路径。积极生命教育与学校生活的方方面面有着千丝万缕的联系，可以将积极的生命教育的理念和内容有机融入学科教育、心理健康教育、道德教育、社会实践活动、校园文化建设等方面，使积极的生命教育成为青少年日常生活的重要组成部分，让青少年在潜移默化中领会积极生命教育的精髓和要义，掌握积极生命教育的方法和技能，并将其内化为自己的积极生命素养和行为。在这个过程中，青少年可以从多学科、多方位的视角来理解和思考生命教育，更有利于提高生命教育的实效性。

共创积极：构建生命教育的多维支持系统。

走向积极的生命教育是一项系统工程、生命工程和幸福工程，必须重视学校、家庭和社会多方面的合力。学校是积极生命教育实施的主体，具有主导作用，教育取向、理念、目标、内容、方式主要靠学校来确定。家庭是与青少年生命连接最为紧密的地方，争取家长对积极生命教育的支持是至关重要的。学校可以向家长宣传积极生命教育的理念和方法，让家长和青少年共同感受积极生命教育带来的变化。走向积极的生命教育是一个开放的系统，除了家庭、学校的努力之外，也需要社会的大力支持。可以通过舆论、媒体宣传积极生命教育的思想、理念，还可以通过建立专门的生命教育机构，广泛开展有关积极生命教育的专题活动，为青少年积极生命教育提供良好的社会环境。只有学校、家庭、社会多方面紧密配合，做到优势互补、责任共担，才能夯实积极生命教育的根基。

# 第四章　积极心理学在教育领域的运用

## 第一节　积极心理学与初中语文教学

积极心理学是为了调动与激发初中生的积极学习心理展开的。对于学生来说，当学习压力过大，学习力不从心时，有时候会出现消极情绪，不利于身心健康发展。积极心理学注重发现和培养学生的积极品质和积极力量。老师在教学中要融入积极心理学，让学生学会控制自己的情绪，学会如何尽可能调节情绪，不被不良情绪干扰。心理学的学习能给予学生积极力量，带给学生抵抗挫折的动力，积极心理学对初中语文教学有重要的启迪作用。本节在分析初中语文教学中积极心理学应用的必要性的基础上，提出积极心理学在初中语文课堂教学中的相关应用策略。

### 一、积极心理学在初中语文教学策略中的现状研究

积极心理学是当前社会正兴起的一项新的研究领域，代表一种乐观心态。语文是一门有艺术气息的课程，汉语是我国的母语，汉字历史源远流长，蕴含博大精深。但是，在语文教与学方面出现一些问题，一些学生觉得学习语文枯燥乏味。学生的语文素养低，部分老师不注重方法，最终结果是师生关系冷淡，不利于语文教学的开展。如何有效运用课堂这一主阵地建立起良好的师生关系，提高教学质量，已经成为心理健康教育中值得深入探究的话题。

#### （一）语文教师职业懈怠，语文素养不高

初中语文课程不仅担负着拓宽学生视野，提升语文素养的任务，还担负着提高学生修养和审美情趣，使其形成良好个性和健全人格的重责。在语文学习中，教师扮演着非常重要的角色，引导学生学习方向，把握学生的学习命脉。如果教师没有职业操守，在语文教学中秉着得过且过的思想心态，那么学生将会在很大程度上被其感染，形成不好的学习风气，不利于教育改革的开展。一些语文老师专业素质不高，存在不知道"语文教什么"和"语文考什么"的模糊心理。积极心理学的开展不仅使学生保持良好的学习状态，还有利于教师调整教学状态，保持积极乐观的教学心态。

## （二）学生存在叛逆心理。

初中时期是一段较为重要的时期，学生慢慢会出现逆反心理，而且认识不到学习语文的重要性。青春期生理上的急速变化冲击着心理的发展，这个时期的学生求知欲非常强，善于模仿和吸收新事物。要使学生保持积极的求学状态，学生一旦没有全身心投入到语文学习中，认为学习语文难，学习语文无聊，就会对语文学习产生厌恶心理。另外，语文课堂上还存在学生学习主动性差、运用能力不足等问题，不仅影响学习，还影响学生健康心态的培养。在这种情形下，语文课堂学习应该引入积极心理学，给学生做好心理疏导，促使学生更好地学习和成长。

## 二、初中语文教学中融入积极心理学的必要性

积极心理学的运用是新课程改革的必要手段。正所谓攻城先攻心，学生从内心生发出想学习语文的决心，对语文感兴趣，在语文后期学习中便会更加得心应手。在语文教学中融入积极心理学可以培育出学生良好的心理品质、正确的学习态度及合作探究意识等，让学生保持对语文学科的学习热情。积极心理学的成功运用，学生的学习热度不会是一段时间，而是整个人生。其次，有利于培养学生的积极品质。积极心理学有利于帮助学生克服消极心理，提高学习积极性。积极心理学的运用还能丰富课堂教学路径，完善课堂教学策略，规范教学规律和组织形式，使语文课堂教学顺利有序地进行。

### （一）有利于实现语文教学目标

语文学习除了固定的字词答案外，其他题目很难有标准答案，学生的答案有时没有对错之分。语文学习范围较广，积极心理学的应用让学生意识到各科之间存在的联系，使课堂更有趣味性。语文教学要精心设计课堂每一环节，最终实现语文教学目标。

### （二）有利于建立良好的师生关系

创建良好的师生关系是构建和谐课堂，打造高效课堂的必要条件。人与人之间的交往是相互的，需要以心换心，老师与学生之间也是一样的，老师与学生之间是平等的，没有高低之分。老师对学生取得的好成绩要进行鼓励，对考试失利的学生要进行激励，良好的师生关系是在生活中一点一点建立起来的。

### （三）有利于适应初中生的心理需求

初中生处于懵懂的边缘，对外界事物有着强烈的好奇心，这个时期的学生思维活跃，一旦思想出现偏差，后果就会不堪设想。积极心理学的学习有利于引导学生思想健康发展，树立积极的人生态度。

## （四）有利于学生树立正确的人生观、价值观和世界观，帮助学生找到真善美

语文是我们从小就接触的科目，从小学开始，语文就教会学生懂是非、明事理。语文是一种文学，老师在品味语言文字带来的情绪是饱满的，学生会受到感染。积极心理学不仅给学生心理上的帮助，在学习方法上也会有所启发。语文更重要的是阅读，学生在阅读过程中将会体会到人间的冷暖，发现人间深沉的深情。

## 三、在初中语文教学中融入与应用积极心理学的策略

### （一）创造良好的心理和学习环境

良好的学习环境是非常重要的，随着课堂教学改革的推进，课堂环境越来越受到重视，良好的环境有利于学生心理素质的提高，有利于学生品质的塑造。在课堂教学中不乏提问回答的环节，每个学生的品行和性格都是不一样的，有的学生开朗活泼，有的学生腼腆拘谨，学生的学习能力和学习状态是不同的，在课堂中的表现都呈现不同状态。课堂建设中要应用因材施教的教学方式，老师要多注意那些表现不积极的同学，多给这些同学机会回答问题，强化学习信心。如此，有利于为学生创造良好的心理和学习环境，使学生互相共勉，互相学习，共同进步。

### （二）教师用积极的言语行为激发学生兴趣，树立学生学习信心

初中学生学习的知识大多来自课堂，所以课堂中的一切都是与学生息息相关的。例如：课堂学习环境、教室整洁环境、学生自身素质、班级凝聚力及老师的教学素养等因素。虽说学生是课堂的主体，但是老师在其中的地位是不可忽视的。老师为学生传授知识时，如果言语粗犷，随口出现谩骂的字眼，那么学生便会从心底不喜欢这个老师，渐渐便会对这门课产生抵触情绪。语文是细腻的、有感触、有情感的，语文好比一朵漂亮的花，你要慢慢解读它的花语。老师在课堂教学时，用温和的言语、饱满的情感及言语间的技巧，更能激发学生学习语文的动力。学生的语文学习信心不是凭空而来的，需要教师把握学生的真实情感，对症入药。

### （三）先进的教学观念

"灌溉式教学"与积极心理学的要求不相符，两者有互斥作用。必须采用先进的教学观念，以学生为课堂主体，除去老师授课时间外，其他时间可以让学生自由发挥，提高学生的创新能力，培养学生的学习主动性。现如今，各个学校都在实行"高效课堂"，效果可观。"高校课堂"的实施能激发学生的学习兴趣，在一定程度上提高学生的学习成绩。"高效课堂"在语文教学中的应用，不再是老师在唱独角戏，整个课堂气氛被带动了。语

文教学不再只注重与字词的理解，更重要的是提高阅读能力，先进的教学方式为学生带来优质情感的体验。

### （四）注重师生互动，建立良好的师生关系

师生互动是课堂教学必不可少的一个环节，师生之间的关系与课堂教学的顺利开展有很大关系，关注学生、尊重学生是老师的必然要求。师生之间是一种合作关系，合作是共赢，积极心理学的应用需要老师与学生互动。教师与学生互动时，老师的言语行为积极且充满激励性，会让学生消除学习中产生的各种心理障碍和焦虑，增长知识的同时获得愉悦的情感体验。学生表现得对老师授课感兴趣，老师的心理会得到极大的满足，便会更加认真负责，讲课激情也将会更高。

### （五）改善教学评价，使评价的激励功能得以充分发挥

一学期结束后，老师要对学生进行课程评价，以往的评价方式只是最终成绩，评价方式片面，我们可以采取各种各样的评价方式。可以将终结性评价与过程性评价相结合，在评价语文学习结果的同时评价学习能力和方法。还可以是个性化评价，首先可以采用师生互评的方式，其次可以采用生生互评，学生互评可以使学生迸发出更加强烈的学习欲与胜负欲。

语文学习是一个长久的过程，要有强大的心理承受能力及坚持不懈的信念。在初中语文教学中融入积极心理学，更易于在初中语文教学中落实情感教学，实现素质教育。希望这篇文章能够帮助更多老师做好对学生的心理健康教育工作。

随着社会经济与科技水平的快速发展，人们的生活压力增大。同时，作为未来社会的栋梁的学生，面对繁重的作业与复杂抽象的题目，学习压力也随着越来越大，因此很容易产生厌烦学习心理。教师应该在教学的过程中增加心理学课程，这样可以帮助孩子以合适的方式发泄内心的负面情绪，更好地提高学生的综合素质能力。本节将对积极心理学在初中语文教学中渗透与应用进行详细的分析与论述。

语文教学在整个教育教学活动中占据着非常重要的地位，初中语文教学对于我国语言文化的探索具有非常重要研究价值，初中的语文课本中蕴含着丰富的知识含量，知识范围较广，但是因为受到应试教育的影响，在整体的教学过程中更加注重的是考试成绩，因此导致语文课堂比较乏味。

## 四、将积极心理学在初中语文教学中渗透与应用的意义

首先，初中语文在教学过程中主要是为了增强学生的语言文字运用水平，提高学生的语文综合素养，培养学生能够树立正确的三观。传统应试教育的影响，使初中语文教学受到了很大的影响，太过于重视考试成绩，这种观念阻碍到了学生的全面发展。其次，培养

老师与学生之间的友谊，亲其师信其道，良好的师生关系可以促进教学课堂效率，有助于老师开展各项活动，增强学生与老师之间的认同感，使双方相互信任，相互尊重，营造出良好的课堂气氛。最后，初中阶段的学生心理发展阶段还处于动荡期向平稳期过渡阶段，因此在这个时期的学生的心理阶段是比较不稳定的，但是学生的记忆力、想象力、学习能力和其他发展阶段相比较是占有很大的优势。这个阶段对于学生来讲是非常重要的，要正确地引导学生树立正确的价值观、人生观及世界观。

## 二、将积极心理学在初中语文教学中渗透与应用的有效策略

首先教师想要将积极的心理学在初中语文教学中渗透与应用，那就要先做到用积极的语言和行为去引导与启发学生。教学讲课是一门艺术，语文教师在讲课的过程中要充分运用语言的优势进行教学，采用激励的语言去提高学生的学习兴趣，用合适的语言消除学生对教师的防备及其自身的焦虑情绪，产生想要积极向上的想法。"知之者不如好之者，好之者不如乐之者"，有了学习兴趣，成绩自然能提高。其次教师要做到关爱学生与尊重学生，这也是素质教育的要求。

教师的教与学生的学是双边活动，学习并不只是一方的问题，是需要双方一起努力的。真正把学生当作学习的主体，尊重学生，使学生可以在非常愉悦的学习环境中度过，养成学生良好的学习自主性，最后引导学生感悟作品，树立精神榜样，在教学的过程中教师可以导入一些典型人物及其事迹来为学生做榜样。如此，在读这些作品时学生就可以自然而然地感悟到作品的内涵，情感到熏陶，增强心理体验。

## 三、构建积极良好的课堂气氛，优化课堂心理环境

构建积极良好的课堂气氛对于学生学习初中语文是非常重要的，在初中语文教材中也提出学生因为兴趣对语文知识会学得更好，同时良好的心理素质可以提高学习语文的能力。在这当中教师如果想学生能够自主探索语文知识，那么就有一定良好的课堂气氛以及良好的课堂心理环境，这样教师才能够引导学生的快速进入学习状态。因此在初中语文教学中我们教师要善于创设生动活泼的学习情境，把学生的思维和注意力调节到积极状态，为新知探索奠定心理基础。因此，我们要根据学生自身情况来营造出良好的自主学习气氛，在教学中渗透积极心理学知识，可以很好地将新的课程内容加入，同时循序渐进加以引导。通过一个良好的气氛情境和优化课堂心理，可以很巧妙地引导学生们了解新课内容，使学生自主探索思维的运行。

通过上文的论述得出，在初中语文教学中将积极心理学渗透和应用后，教师在教学过程中可以更好地对学生进行引导，培养学生的全面发展，为社会培养更多人才，促进初中语文教育的发展。

## 第二节　积极心理学团体辅导研究综述

随着心理学的进一步发展，心理学的分支也越来越多，积极心理学就是自20世纪以来研究人的利与德对自身影响的积极方面的心理学分支之一，其意义在于让人类更好地了解自身。为了改善团体关系，最大化地完成既定任务，团体辅导应运而生，其目的是促进团体合作，提升成员自身成就感，实现团体利益最大化。积极心理学团体辅导就是将这两者有机地结合在一起，从而使人更深层次地了解自身，激发人的潜能，使成员明确自身与团体的关系，增强团体成员的协作意识，实现团体的合作共赢。笔者在本节中分析了关于积极心理学在团体辅导中的问题，总结了自身经验，提出了相关建议。

21世纪以来，随着经济的全面发展，国力的日益提升，心理学这一领域也不断地发展，许多专家学者纷纷投入研究关于心理学在日常生活中的应用。随着研究的进一步深入，其运用的领域也逐渐增多，包括教育、医疗、军事、企业规划等等，其中教育这一领域发展最为先进，应用最为广泛。其中衍生出的团体心理辅导，对当今的高校教育有着深远的影响。积极心理学与团体心理辅导都是以人为研究对象，且都强调人的团体价值，除此之外，积极心理学可以对成员造成积极的心理干预，帮助其去除消极心理，更好地服务于团体。所以，将其二者结合可以明确人与团体的包含关系，最大化地发挥人的团体价值，激发人的潜能，从而使人与团体关系更加紧密，团体的效率会因此大大提升。积极心理学团体辅导对于团体发展有不可或缺的作用，由此可见，对于积极心理学团体辅导的研究具有深远的现实意义。

## 一、积极心理学团体心理辅导对于个人心理素质提升的意义

在人的情绪或心态中，粗略地可分为积极与消极，在日常生活中，情绪对人有着十分重要的影响，积极的心理对人、对团体，乃至对社会都有着不小的影响，因此，积极心理学能如此蓬勃地发展。积极心理学者通过对心理学的研究，探究积极心理，并加大其对个人、团体、社会的影响，因此，积极心理学者将积极心理学分为个人、团体、社会三个层面。通过心理干预来激发、培养团体成员的积极心理，从而提升个人的心理品质，增强其对团体的积极影响。

积极地心理对人的发展有不可磨灭的作用，而环境对个体心理的影响也是潜移默化的，通过团体中其他成员的鼓励的话语，或是积极的活动都可能对个体的心理造成积极的影响，这样有助于激发其自身蕴含的潜能与积极的内心，这样对个体的发展有极大的助力作用。

在国际上，最先使用团体心理辅导干预个体的是美国的内科医生谱拉特，他对患有肝病的病人采用心理干预的手段，使其在重病的情况下依然保持积极乐观的心态，勇敢地面

对疾病，积极地去治疗。从谱利特的事例中，我们不难看出积极的心理干预对人的影响，以及积极心理学的现实意义。此后，法国心理学家巴特研究发现运用心理学理论对个体的心理干预，在对团队贡献上有较好的效果。

随着国外心理学者的进一步研究，我国心理学领域的专家们也做了一系列的研究，其主要是测试积极心理对个体的影响，涉及的品质有乐观、勇敢、感恩、心理自愈等。他们通过对工人、医生、老师和企业员工等普通人群调查，或是实证研究发现，应用心理学最基本的理论可以对个体产生很好的效果，使其拥有积极心态，提升其心理品质。这些研究与调查都证明，积极心理学团体辅导对个体心理健康有很强的适用性，且运用较为逼真的实验也能得到积极心理学团体辅导对个体心理干预的有效性体现。但这仅仅是团队辅导，而在我国实际的统计中，关于个体的其他心理学方面都鲜有人知。

## 二、积极心理学团体心理辅导在心理健康教育方面的研究

积极心理学团体辅导是在团体心理辅导的实践下，通过积极心理学的心理学理论基础支撑的新型心理辅导科目。其有团体辅导对个体对团队影响加强的现实作用，同时又兼有积极心理学对个体培养积极心态的价值取向，其应用领域广泛，主要包括军事、医学、教育与企业规划，但更多的是教育和企业规划中的应用。

教育一直是我国发展的重要部分，心理学对其有重要的作用，尤其是在学校教育中，积极心理学团体辅导的主要人群有行政人员、教师、学生等，心理学干预能有效改善人际关系、促进新生更快地融入新环境，使老师能更有耐心地对待学生，加强师生沟通，提升学生自信，是现今学校心理辅导的创新领域。但实际情况却是心理学的理论很少应用到实际的心理辅导中去。直到近几年，中央教育研究所的孟万金教授提出的积极心理健康教育这一课题，才从根本解决了理论废弃这一现状，才真正将积极心理学的理论基础运用到实际的心理辅导中去。孟教授提出"人人向善"即与《三字经》中的理论一致，认为社会中缺少积极的风气，呼吁个人尤其是在校学生，加强自身心理品质，积极向上，有进取精神，通过自身努力影响周围人，做一个传播幸福、开发潜能的新时代教育者。在孟教授的呼吁下，有学者指出将积极心理学团体辅导运用到班级管理中，通过班会、情景剧、讲座等班级活动，使每一位学生能拥有积极良好的心理、团结协作的团体意识，积极参与到集体活动中去，真正发挥积极心理学团队辅导的价值，使每一位学生都有良好积极的心理，形成完备的世界观、人生观和价值观。

通过对积极心理学的研究，团队辅导的实践，可以达到教育创新的目的，从而更高效地完成教育目标，更好地关注学生心理健康辅导，从而呼应"立德树人"的国家号召。

## 三、积极心理学团体辅导方案设计的研究

在积极心理学蓬勃发展的现状下，拥有一套完备的、科学的运营体制是积极心理学团

体辅导的首要条件。因其应用领域广泛，包括了学校、军事、企业等方面，因而体制十分重要，而许多专家也尝试规划一套体制，合理地去运营积极心理学团体辅导。就目前情况看，应从积极组织系统、个体积极情绪体验以及积极的人格特征三个方面来设计目前的积极心理学团体辅导。

积极组织系统，是个体在团体中自我的感受，包括其幸福感、满足感以及自我价值的实现。赛里格曼研究发现，个体在团体中能发现自己的价值、优势及潜能等等，可以促进其与团体的联系，扩大其在团体中发挥的作用，提升其心理健康水平，增强其心理素质，这在心理学上叫主观幸福感。主观幸福感水平是评判团体中个体的自身心理健康的重要标准，其代表了个体的心理状况。如何检测自身的主观幸福感，并扩大它呢？在职场中，往往存在嘲讽与奉承，这对个体主观幸福感的提升有着阻碍作用，不利于个体与团队的发展。在心理学上，有"生命线""优点轰炸""自画像""天生我才"等专业名词，其可以通过干预来让个体发现、认识自己的优点与潜能，提升其主观幸福感，从而达到其价值扩大的目的。一个团体想要通过积极心理学团体辅导干预成员，可以开展一些活动、举办一些讲座、开设培训成员意识的课程等等，来干预成员的心理，从而达到使其更好地服务于团体的目的。"我可以""勇敢一些""我能行"，通过话语也可以达到心理干预的目的，个体同时也要自我暗示，同时"赞美他人""互相帮助""加油，一起努力""共植友谊树"等团体活动可以促进成员之间的关系，达到更好的配合，提升团队的凝聚力。通过自身的努力与团体建设的影响，每个成员都可以达到提升主观幸福感，最终服务于团体的目的。

个人积极情绪体验，是个人对于自身情绪的自身评判，是指情绪主体自我感知的一种手段，这种手段可以通过外界活动的刺激和自身情绪触控两种方式获知。个体掌握这种手段可以将负面的自我情绪最小化，积极的自我情绪最大化，能更好地对自身和团体造成更加积极的影响。这种手段在心理学上十分常见，运用到积极心理学团体辅导上后，会使团体辅导的效果更加显著。因此，团体培养成员自我情绪体验的意识尤为重要。

积极的人格特征，即个体品质，通俗地讲就是人品。就个体而言，人格特征是一个人的立足之本，也是关乎自身发展的重要因素，决定着一个人的前途；在团体中，每一个成员的人格特征都关乎整个团体的风气与工作时的效率。因此，培养积极的人格特征是必不可少的，对个体和团体的意义非凡。

积极心理学团队辅导的设计不能拘泥于心理学与团队辅导两方面，应从多角度深入，从各个领域借鉴。随着互联网的发展，越来越多的机会摆在人们面前，积极心理学团队辅导可以利用互联网＋的模式进行创新，更好地发展积极心理学，使团队辅导达到更高的高度，更好地服务于大众。

团队心理辅导作为当今最先进的心理干预手段，它联系了心理学与大众，承载了积极心理学，积极心理学发展提供了实践经验；积极心理学为团队心理辅导提供了理论依据与技术支撑，二者缺一不可，相辅相成。但回到现实中，积极心理学只是一门新兴的心理学分支，发展虽快但尚不成熟，仍然停留在"照猫画虎"模仿国外的阶段，如果仅仅照搬国外，首先是不能适应我国特殊的社会体制与国情；其次是严重限制了我国积极心理学团队辅导的发展，且在实际运用中仍然存在许多问题与不确定性。因此，如何使积极心理学团队辅导在中国站稳脚跟呢？笔者认为，这需要心理学领域专家、教育学者以及社会各界共同努力，为其提供土壤。本领域的专家学者需创新革命，深入研究心理学与团队建设关系、心理学基础与我国社会制度等，摸索建立出符合我国国情的积极心理学团队辅导的体制。也只有创新才能走出积极心理学团队辅导壮大之路，走出中国心理学繁荣之路。

## 第三节　基于积极心理学的高中德育研究

在高中德育教育工作中，应用积极心理学，具有促进学生身心健康、培养学生乐观态度、提升学生道德水平的重要意义。文章简要分析了高中德育教学的现状，强调了在高中德育教学中应用积极心理学的重要作用，并提出积极心理暗示实现教育效果优化、积极心理思维完善教育评价体系、积极心理理念塑造学生积极人格的措施，从而实现积极心理学在高中德育教育中的有效应用。

积极心理学属于新兴心理学，是心理学的主要研究内容。在积极心理学理念中，人的内心具备先天积极的本性，个人的心理品质能够有效影响与约束自身的行为与道德，体现积极心理学的人类教育研究价值。在高中德育工作中，应用积极心理学，能够有效解决德育教育的问题，在学生心理层面，应用积极心理学塑造其优秀思想品德，从而体现出德育教育功能，提升教学质量。

### 一、高中德育教学现状

现阶段我国社会存在部分消极现象，主要表现是一些社会事件突破道德底线，网络充斥各种不良事件等。在高中校园同样存在德育教学消极的问题，由于高中教学主旨是服务高中生考上理想大学，因此，学校教育的重点是学生的专业课知识，忽视了德育教育。学校为提升自身在高中市场的竞争力，严抓学生的专业课学习成绩，使高中德育教育无法发挥实效。在传统应试教育的影响下，大部分高中教师对德育教育也不够重视，对于学生德育教育的重要作用缺乏清楚的认知，并且对于德育教育存在消极的认识，认为学生的德育教育在高中整个教育中可有可无。因此，部分德育教师在教学过程中，存在消极的教学情绪，影响高中德育教学效果。在高中德育教育整体呈现消极状态的情况下，引入积极心理学具有重要的意义。

## 二、积极心理学在高中德育教学中的重要意义

### （一）促进学生身心健康发展

现今高中生面对较大的升学压力，在学习过程中，存在学习跟不上、生病、同学矛盾等问题。每个高中生都有不同的应对方法，部分高中生也会选择埋怨和逃避，而在高中德育教育中应用积极心理学，能够有效解决学生逃避困难的问题。基于积极心理学的高中德育教育，能够培养学生的自强精神，帮助学生树立自信心，使学生具备成功的基本素质。学生能够在心理学的影响下，相信自身追求目标的正确性，对于自己的能力进行肯定，从不同角度正确认识自己、了解自己，对于自身的优势、劣势能够理性分析，从而在学习过程中准确定位自我，做到扬长避短。在融合了积极心理学的德育教育下，学生自信心得到提升，学生能勇敢面对与解决困难，身心得到健康发展。

### （二）培养学生乐观态度

融入积极心理学的高中德育教育，能够有效培养学生乐观的人生态度。高中阶段属于学生三观形成的关键时期，由于网络信息开放、学生社交环境变化、学业压力逐渐增大等因素的影响，部分高中生开始产生心理问题。学生心理问题出现的重要原因之一，是当代高中生缺乏积极乐观的人生态度。因此在高中德育教育中，引入积极心理学，借助心理学中积极心理暗示、培养完善道德理性、乐观引导等内容的优势，帮助学生养成积极乐观的人生态度，从而实现学生健康心理状态的塑造，使学生的心理乐观状态更好地服务于其学习与生活，从而实现德育教育的良好教育效果。

### （三）提升学生道德水平

在高中德育教育中应用积极心理学，能够促进学生积极人格的形成，进而提升学生的思想道德水平。在德育融合积极心理学教学模式下，学生会具备积极的心理特征，在学习过程中，注重自身能力的提升，对自身性格进行优化，努力提高自身的涵养。高中生在积极心理学影响下，会积极树立自我意识，努力树立自尊、自信的良好形象，对于社会环境能够更好地进行适应。在高中德育教育中，培养学生积极人格属于重点教学内容，学生的积极人格是学生道德素养提升的基础，有助于学生形成正确的三观，提高学生智力水平，促使学生与同学建立良好关系，从而培养学生的优秀品质，使其道德水平得到充分提升。

## 三、积极心理学在高中德育教学中的应用路径

### （一）积极心理暗示实现教育效果优化

高中德育教育引入积极心理学，是对传统灌输教育的智育化。智育化的灌输教育方式需要通过积极心理学的积极心理暗示来体现，从而充分发挥教育说服功能。在积极心理学的引导下，高中生在接受德育教育过程中，自身情绪更加愉悦，这有助于学生个性的综合发展，基于陶行知"生活即教育"的理念，高中德育教育需要贴近学生生活。例如，当学生在生活或学习中遇到困难时，应用积极心理学的积极心理暗示，帮助学生勇敢面对挫折，使学生能够从困难中学习某些知识，起到生活教育学生的效果。积极心理暗示能够实现学生的积极心理取向，针对学生的幸福感知度进行塑造与提升，从而使学生在面对挫折时，不再是沮丧的心情，而是用积极乐观的态度，将困难当成自己成长前进的动力，使德育教育发挥自身功能作用，实现教育效果优化。

### （二）积极心理思维完善教育评价体系

基于陶行知的"教学做合一"教育理念，高中德育教育需要注重德育考评体系的建立，而积极思维的应用，能够使教师尊重学生主体地位，结合学生需求，做好德育教学工作。例如，在积极思维的应用过程中，需要建立学生道德发展与心理健康数据库，从而对学生的德育水平进行科学有效的评估。在"教学做合一"理念下，教师与学生通过积极心理学的积极思维，进行学生评价、教师评价、互相评价等，实现德育考核评价体系的综合性，使教师能够及时发现教育问题，调整教学方法，提升德育教学质量，做到"教学做合一"。

### （三）积极心理理念塑造学生积极人格

现阶段的高中德育教育工作虽然都在有序进行，但是对于学生德育教育的社会影响因素并未进行深入的研究，不能够有效践行陶行知"社会即学校的教育理念"。在多元化的社会思想文化影响下，学生面临社会诸多诱惑，心理上表现出无所适从，内心常常迷茫困扰。基于这种情况，高中德育教育应用积极心理学的积极理念，能够有效强化理论教育，提升学生道德认知水平。例如，高中德育教育需要将积极理念科学地传授给学生，教师需要通过正面事实类论证依据，对社会不正确价值观和行为进行批判，从而对学生树立正确的价值观起到积极的引导作用，帮助学生树立自信，提升学生在课堂学习和社会学习的主动性，对于学生生活与学习过程中的负面情绪进行有效消解，实现学生积极人格的塑造。

在学生学习生涯中，高中时期属于学生思想成长与人格塑造的重要阶段。因此，高中教育在强化德育教育工作的同时，需要关注学生的心理健康引入积极心理学，提升德育教育实效性。高中德育教育工作者需要认清教育现状，重视心理学应用意义，通过积极心理暗示实现教育效果优化、积极心理思维完善教育评价体系、积极心理理念塑造学生积极人

格，实现积极心理学与高中德育教育的有效融合，提升高中德育教学质量。

中国一向将人品放到第一位，培养学生的思想道德品质应该是学校工作的重心。当前随着社会的发展，学生需要学习的科目在逐渐增多，学校渐渐忽视了德育工作，这不利于学生的全面发展。积极心理学是将对学生发展一切有利的因素作为研究对象，有利于发挥学生的内在品质，激发学生的潜能，同时也是学生心理健康发展的需要，对德育工作的开展与方式有着很大的影响。所以高中德育教师要充分了解学生的需求，并将积极心理学融入德育工作中，培养学生的思想品质。

积极心理学培养学生积极乐观的人生态度、追求美好生活的自信心和个人社会责任感具有关键影响，能激发学生的内在潜能，树立学生的自信心，让学生找到前进的方向，对树立学生正确的人生观、价值观和世界观具有重大作用。而当前很多德育教师对心理学的研究不够深入，同时不会将积极心理学应用到德育教学中，教学相对死板，不利于学生的德育发展。所以德育教师首先要提高自身的专业素养与技能，然后改进教学方式，提高学生对课堂的兴趣，进而提高德育工作的效率。

## 四、在德育工作中渗透积极情绪体验

让学生感受到积极地情绪体验，对激发学生乐观积极的生活态度有极大的帮助，同时也是积极心理学的核心内容。如果学生在德育教学过程中体验不到积极的情绪，那么学生就不会产生情感上的共鸣，也就不能感知教师传授的知识的意义与价值，进而影响不到学生的行为。所以德育教师要在德育教学中让学生体验到积极的情绪，提高学生的自我教育能力，让学生自觉地遵守社会道德规则，约束自己的行为，同时教师还要教会学生正确发泄情绪的方式，促进学生身心健康发展。

例如，德育教师在进行教学的过程中，要充分尊重学生的主体地位，同时要肯定学生的价值，让学生感受到自己存在的意义，并积极引导学生向往美好的未来生活，促使学生建立积极乐观的生活态度，对未来充满向往。如：德育教师要对学生讲述人无完人、天生我材必有用的道理，让学生知晓自己并不是一无是处，激发学生的外在动力，使学生积极努力的学习进步。同时德育教师还可以带领学生进行一系列的实践活动，比如打扫校园、去养老院做义工等，让学生感受到情感上的冲击，德育教师要在关键时刻对学生进行德育教学，使学生记住知识并了解其中的意义，将知识变为内在约束自己行为的标准。而且每个人都有心情烦躁，伤心难过，遇到挫折的时候，德育教师要教学生如何正确调整心态与发泄情绪，如一次期末考试没有考好，要先让学生正确发泄情绪，可以建议学生去打篮球、跑步、听歌、吃东西或者找朋友安慰等，然后引导学生寻找原因，并帮助学生建立自信心，激发学生的斗争意识，使得学生在今后的学习中更加刻苦奋斗，争取在下次考试中获得优异成绩。

## 五、激发学生的内在积极品质

医学与心理学上发现，人类长期处于消极的情绪状态下，会对人的生理特征与外在表现产生一定的影响，比如抑郁症会降低人类的反应能力、记忆力等，使人不能正常生活与工作，并对未来产生没有希望的心理，将所有过错都归结到自己身上，最后甚至会产生自杀的心理。而乐观积极的心理与之相反，所以德育教师在进行教学的时候，要注重培养学生积极乐观的生活态度，并建立学生正确的归因观，使学生在面对挫折与困难的时候也能以积极的心态面对，并不断挑战自己，超越自我，激发内在的品质，进而克服困难。

例如，高中阶段的学生面临着高考的巨大压力，学习紧张，对考试十分看重，同时又处于青春期，感情细腻又敏感，在学习和生活中会面临很多挫折与困难。德育教师在设计教学时候，就可以先在学生脑海中建立一个美好的未来生活，让学生感受到未来的美好，培养学生积极乐观的心态。同时对于学生学习上的挫折，要让学生知道高考不是唯一的出路，只是最短最快捷的路径，并帮助学生建立学习上的自信心，努力奋斗寻找到适合自己的学习方法，激发学生内在的坚强的品质，进而提高学习成绩。而且高中阶段的学生也处于青春期，对异性会产生好感，高中三年长期相处，很多学生都会对异性同学产生一些另外的情感，德育教师要正确疏导学生的恋爱观，让学生知晓当前最重要的事情是什么，同时早恋的后果又是什么，使学生明白自己应该做的事情，并培养学生自尊自爱的品德，树立学生正确欣赏他人的观念，进而帮助学生建立正确的爱情观，使学生以正确积极的观念看待对异性同学的感情，并以发展的眼光对待自己的学习生活。

## 六、为学生营造良好的积极成长氛围

人类是群居动物，周围人的行为与观念也会影响到个体的观念。比如社会生活中形成的尊老爱幼的道德观念，会使得学生也接受这样的观念并影响其行为，所以中国有句话叫："近朱者赤，近墨者黑。"因此德育教师还要跟班主任与各科任老师合作，建立一个积极、民主的学习氛围，使学生之间相互帮助、互相支持、共同进步。

例如，每个校园都会有自己的校风，良好的校风建设会促使学校的学生正确学习，引导学生正确的行为。如乱扔垃圾的行为，良好的校风自觉地促使学生不乱扔垃圾，同时在遇到乱扔垃圾的行为时能及时制止，并将垃圾扔进垃圾桶，这就是校园氛围带给学生的影响。同样班级的班风也会促使学生建立正确的三观，帮助学生学习进步。如班上的老师都强调同学之间要互相帮助，在遇到难题的时候，同学之间可以一起交流讨论，会的同学帮助不会的同学，那么也会促使整个班集体的进步。班主任要建立和谐的班级氛围，让学生都能发挥自己的观点与特长，与老师共同建立班集体，发挥作为班集体一员的责任。

总而言之，积极的心理学对德育教师进行德育教学有着重要的作用，能帮助教师更加了解学生的心理需求，促使学生心理健康发展，同时能帮助学生激发内在的积极品质，培养学生积极乐观的心态，正确发泄情绪，将社会法律与道德约束内化为自身的品德，进而帮助学生树立正确的三观与道德思想。

## 第四节　积极心理学在教学中的运用

以积极心理学在小学语文口语交际教学中应该如何应用为核心问题，分析低年段学生在口语交际学习过程中出现的不敢开口、参与度不高等现象及其背后的原因；主张用积极情感体验法来激发学生的学习动机，缓解口语交际课堂的焦虑，化解畏难情绪。从积极心理学角度对口语交际课堂教学进行研究，通过以情感性原则作为口语交际课堂的基石，给予学生个性化指导，注重鼓励的科学性和给予学生建议时的启发方式，提出口语交际课堂教学的新思路。

近年来，教育界中不少人士认为，语文课程应以"表达"为核心，但他们却只是重视书面表达，对口语能力的培养并不重视。直到今天，语文课程中仍存在以下现象：在"阅读"与"表达"中，重阅读，轻表达；在"书面表达"和"口头表达"中，重书面表达，轻口头表达，轻"口语交际"。

### 一、积极心理学视野下口语交际教学中存在的问题

20世纪末西方心理学界兴起了对积极心理学的研究。创始人马丁·塞里格曼定义了积极心理学的本质特点就是"积极心理学是致力于研究普通人的活力与美德的科学"。目前，积极心理学已基本形成了完整的理论体系，并且它的理念正运用到越来越多的领域中，也触发了大家对教育积极性的研究和探索。它主张要以人固有的、实际的、潜在的具有建设性的力量、美德和善端作为出发点，提倡用一种积极的心态来对人的许多心理现象做出新解读，从而激发人自身内在的积极力量和优秀品质，并利用这些来帮助人最大限度地挖掘自身的潜能而获得幸福。在积极心理学视野下，口语交际课堂的研究重点应该放在学生自身的积极品质和力量方面，这种关注的改变为小学口语交际教学铺设了新的道路。笔者从积极心理学的角度看小学低年段口语交际教学中存在的问题，具体表现为：

#### （一）学生的参与度不高

我们知道在语文口语交际课堂中，爱表达的通常是那些先天素质比较好的学生，他们在生活中也善于进行言语交流，而更多学生则不愿参与口语表达。学生的参与度不高，一方面是由于学生性格的原因，另一方面也是因为教师的组织形式有问题，不能覆盖到每一位同学，即使他们不参与其中教师也不会发现。久而久之，学生的课堂参与度也就越来越低了。

## （二）教师的指导方法有误

在进行口语交际教学时，绝大多数教师只关注学生的表达是否正确，是否得体，如果不正确，教师会不断纠正。长此以往，学生开口表达的积极性就会受到一定的影响，越来越不自信。虽然教师尽心尽力，但学生的口语交际能力的进步却不大，甚至不断纠正的过程中反而打击了学生开口表达的积极性。其实老师要反思自己的关注点和指导方式是否出了问题，注意评价的科学性和给予学生建议时的启发方式。

## 二、积极心理学在口语交际教学中的应用

在口语交际的教学中，存在的问题既有教师方面的，也有学生方面的。但是由于学生年龄小没办法在短时间内改变自己，所以就要求教师改变自己的教学关注点以及方法来让学生参与进来，让他们能够自己调整心态，增强自信心，激发口语交际课堂上的学习动机。

### （一）信息化手段融入教学中

心理学研究证明，新奇的事物总能够吸引人们的目光，激发大家的兴趣，在兴趣的推动下，人们的行动常常可以收到更好的成效。那么在口语交际课堂上，引发学生参与的兴趣便是重中之重。小学低年级学生好奇心强，对新生事物比较敏感，直观、具体的事物最能吸引他们的注意。比如在教学人教部编版小学语文第一册第八单元的口语交际《小兔运南瓜》时，我运用多媒体动画配上声音的形式，为学生营造了一种生动活泼的氛围，当图中的小兔子动起来甚至能张嘴说话时，这些低年级的学生们个个情绪高涨，个个都想表达自己。在口语交际课中，利用多媒体来播放与口语交际相关的音频、视频、动画等，模拟交际情境，能有效激发和培养学生学习口语的兴趣。

### （二）创设生活化的交际情境

在口语交际教学中，一方面，教师采用信息技术会强烈地刺激学生的视觉和听觉器官，一方面要创设贴近生活的交际情境，唤起学生的生活体验，让学生想说、乐说。例如，教师可以根据生活实际选择学生感兴趣的话题来进行交流，也可以结合每月一事的主题活动来开展训练。因为话题的选择就来自学生的生活，强调在真实的交际情境中发展学生的交际能力，将课堂所学运用到实际生活中，真实可感的口语交际情境让学生不知不觉中进入了交际状态，从而激发他们的学习动机。

### （三）循序渐进的训练方法

在口语交际教学中，教学应该要做到从易到难、从简单到复杂，遵循小学低年级学生的认知规律，逐步提高口语练习的难度，以免学生一开始就产生畏难情绪，不敢开口说话。比如，从语文人教部编版第一册和第二册各四次的口语交际编排中可以看出，教材通过目

标分解，细化落实，帮助学生在循序渐进中提升能力。从起步时的敢说、大胆说，逐步到"配合动作清楚明白地说"，一步一步地帮助学生提高口头表达能力。这种循序渐进的口语交际训练方法能有效地减轻学生的畏难情绪，从而激发学生在口语交际课的学习动机。

### （四）运用多元化教学方式

在口语交际教学中，学生的参与度不够，不敢大胆参与，这也是由于教师课堂上采取了错误的引导方式。大部分教师喜欢让一个或几个学生来表达，其他同学却得不到开口表达的机会。笔者认为在开展口语交际活动时，可以让同学小组表达，互相纠正，教师可以走到小组里听学生的表达。这样既能够让所有人都参与进来，教师也能够给出个性化的建议。值得注意的是，小组合作中教师在有针对性的辅导时也要注意多用鼓励性的评价语言，及时地表扬学生，注重鼓励的科学性和积极性，给予学生主观幸福感。

近年来，积极心理学越来越受到教育者的普遍关注。在初中道德与法治教学过程中，教师运用积极心理学，可以优化课堂教学内容和流程，引导学生树立正确的道德观念，促进学生健康成长与发展，实现道德与法治教学的目标。在运用积极心理学开展道德与法治教学的过程中，教师要注重对学生的引导，丰富教学内容，探索教学方法，培养学生优良的思想道德品质，塑造学生健全的人格。现结合教学实践，对运用积极心理学开展道德与法治教学的措施进行探讨。

## 三、理解积极心理学内涵，优化课堂教学内容

积极心理学对促进学生发展及社会发展具有重大意义。积极心理学是心理学领域的一场革命，也是人类社会发展史中的一个新的里程碑，主张研究人类积极的品质，充分挖掘人固有的潜在的具有建设性的力量，促进个人和社会的发展，使人类走向幸福的生活。积极心理学能够让心理学理论系统更具完整性，并符合时代发展的潮流。在文化多元与经济全球化发展的今天，积极心理学的思想脱颖而出，成为大众所接受的一种心理学。其倡导以积极进取的角度去面对和解决问题，这与"以生为本"的教育思想相契合。因此，道德与法治教师应将积极心理学运用于教学过程中，通过鼓励的方式让学生拥有积极的心态，激发内心的力量，使学生更努力地学习知识，更自觉地完善自己的心理品质。

在积极心理学视域下，每个人都应该有追求美好生活的能力，充分发挥个人的主观能动性，用发展的眼光、乐观的生活态度与其他人和社会进行互动，促进社会的和谐进步与发展。在初中道德与法治教学过程中，教师应当正确理解积极心理学内涵，并将积极心理学融入其中，优化教学内容，鼓励学生用积极的心理情绪和心理素质进行学习和生活，促使学生树立正确的道德观念，形成良好的个性品质。教师应当深入学习和运用积极心理学理论知识，凸显道德与法治课程的人文精神，提高道德与法治课程的实践性及实用性。在具体教学中，道德与法治教师不仅是教授课程知识的教师，更是一位心理辅导员。所以，

道德与法治教师应正确理解积极心理学的内涵，认识其价值并积极加以运用，一方面帮助学生架起道德与法治知识学习的桥梁；另一方面利用心理学知识对学生进行心理疏导和教育，促使学生更好地成长。积极的心理教育方法有助于教师更好地开展道德与法治教学，教师也应当秉持积极心理学中的积极预防、积极教育、积极组织理念，应用情感体验法和组织系统法来提高道德与法治课程的教学质量。

## 四、运用积极心理学知识，更新课堂教学方式

在道德与法治教学中，教师不仅要教授学生道德与法治知识，还要针对学生的心理健康问题采取适当的方法进行疏导和解决。所以，教师了解积极心理学知识，掌握积极心理学的辅导方法是十分必要的。虽然道德与法治课程与积极心理学属于不同的学科，但两者之间存在着密切的联系，教师在道德与法治教学中可以将积极心理学作为对学生进行心理健康辅导的一个重要指导思想。教师在道德与法治课堂上应用积极心理学，更新课堂教学方式，可以为学生营造良好的班级氛围，让学生能够在和谐、积极的环境中成长。学校对教师进行任职考察时，不仅要考察教师的学科专业知识和能力，还要考察教师的心理学基础。要求教师在课堂上观察学生的一举一动，分析学生的心理状态，及时对学生进行心理健康辅导，以保证学生在学校内健康成长。

教师运用积极心理学的辅导方法帮助学生解决心理问题时，可以通过聆听、对话的模式对学生进行心理辅导，促使学生改变自己原有的错误观点，并打破学生心中的芥蒂，让学生的学习与成长始终处于轻松、和谐、积极的环境之中。道德与法治教育不仅与学生自身有关，而且与社会有一定的关系，教师要引导学生积极地适应社会。教师要运用积极心理学的知识让学生对社会充满好奇并树立一定的责任感，既了解自己在社会中的权利和义务，又要在参与社会活动的过程中学会保护自己，明辨是非善恶。在教学中，教师还要引导学生积极地认识自己，培养学生的自我意识和独立意识，培育学生良好的思想道德品质。教师在道德与法治课程的具体教学中，可以结合相关教学内容，与学生一起进行探讨。例如，教学"热爱生命"这一课时，教师要让学生正确认识生命和对待生命，懂得尊重生命和珍惜、珍爱生命。要让学生远离不健康的心理，杜绝不安全的行为，能够乐观、豁达、积极地面对生命和生活，对自己负责，对家人负责，对社会负责。同时，教师可以通过一些案例让学生评判案例中人物的做法是否正确，并且让学生给这些人物提供一些建议。这样，学生就能够从旁观者角度冷静地看待和分析案例，从中受到启迪和教育。从一定程度上讲，积极心理学的内容及方法关注人的身心健康发展，尤其强调在问题出现之前的预防，这比出现问题之后再去进行心理辅导效果更好。因此，教师在道德与法治教学过程中要积极运用积极心理学。

## 五、渗透积极预防理念，激发学生潜在能力

青春期阶段的学生正处于身体和心灵的发育阶段，身心发展迅速而又不平衡，充满矛盾。因此，道德与法治教师在教学中应该向学生渗透积极预防理念。积极预防理念是积极心理学中的重要理念之一，其主旨与教材中的"学会调控青春期心理矛盾"有一定的联系。因此，教师在教学中可以将积极预防理念与这一内容进行有机结合，让学生学会积极预防自己的不良情绪与不良言行，学会调整自己的心理，甚至建立起健康的心理防御机制。学生只要树立积极预防理念，建立健康的心理防御机制，就能够在面对挫折的时候进行自我恢复，自主找到解决问题的方法，进而增强问题化解能力，形成良好的个性品质。教师向学生渗透积极预防理念时，要充分激发学生的潜在能力和主观能动性，让学生自己掌握方法，主动解决问题。

青春期阶段的学生在心理上通常会有一些内部的冲突，学生只要学会合理疏导这些冲突就可以拥有积极的心态，进而产生强大的心理力量来支撑自己在未来的学习与生活中砥砺前行。为此，教师应在道德与法治教学中渗透积极预防理念，让学生掌握一些预防措施，提高心理调节能力，减少外界因素对自己心理的影响，建立心理危机的预防机制。在素质教育逐渐推进的今天，道德与法治课程越来越彰显其重要性，对学生的成长与发展也起着重要的作用。在道德与法治课堂上，教师要渗透积极预防理念，激发学生的潜在能力，帮助学生开发智力，培养学生良好的人格，让学生能够与他人、自然、社会共同发展、和谐相处。教师要让学生在课堂上能够学到道德与法治知识，形成良好的思想道德品质，树立正确的世界观、人生观和价值观，能够更好地适应生活和社会，并且体现出自己的个人价值和社会价值。

总之，教师将积极心理学融入道德与法治课堂教学过程中，可以培养学生优良的思想道德品质，塑造学生健全的人格，促进学生健康成长。教师在开展道德与法治教学的过程中要理解积极心理学内涵，优化课堂教学内容；运用积极心理学知识，更新课堂教学方式；渗透积极预防理念，激发学生潜在能力。

# 第五节 积极心理学视角下的班级管理

随着社会的不断进步，心理学融入班级管理中，这一变化能够将传统的班级管理进行改革，也在一定程度上提升了班级管理的质量与效率。在积极心理学的视角下来看待班级管理，其将学生的问题当成是首要解决任务，并把学生的积极心理和积极行为调动起来，从而让整个班集体看起来更加统一、民主、人性。

在全新的教育背景下，班级管理显得特别重要，班级管理对于培养学生的集体意识、

团队合作力有着很大的帮助。但在实际的班级管理过程中，还存在着一些问题，制约了班级管理工作的正常运行。不仅如此，从目前我国大部分院校的班级管理来看，不管是对于学生还是对于班主任来说，都有着一定的帮助。在班级管理的过程中站在积极心理学的角度，能够让班主任将学生的潜在正能量挖掘出来，而学生也可以在这个过程中渐渐具备良好的心理品质。

## 一、积极心理学的研究概况

积极心理学最早是心理学家 Seligman 等人提出来的，从那之后，就有更多的人进入了研究队伍中，也因此掀起了一场前所未有的心理学潮流。从传统心理学角度来看，传统心理学主要是对心理问题或者是心理疾病进行专攻，基本上都是将诊断和治疗当成核心任务，而这是一种偏向消极的心理学概念。在积极心理学的研究上，有关学者表示，积极心理学是以人为主的，对人体内一些潜在的建设力进行挖掘，并且是站在人类道德、善端出发的，以一种积极乐观的方式对人内心进行解读，在进行积极心理学治疗时，一般都会将人体潜意识或潜在的积极力量挖掘出来，从而在极大程度上让人获得满足与美好感受。在班级管理中融入积极心理学，不仅对学生有一定的帮助，也可以给班主任带来一些健康积极的启发。

## 二、基于积极心理学的班级管理分析

### （一）如何看待学生存在的问题

积极心理学在班级管理中并不单单是在强调纠正错误、改善问题，重点在于积极地解读问题，并在解读过程中得到积极意义。在班级管理中，班主任时长都会遇到一些问题学生。比如，这些学生上课总是迟到、早退，甚至旷课。面对这些问题，都要在积极心理学的视角下去寻找背后的原因，对学生在事件发生时的积极因素给予肯定；同时班主任还要引导学生解决问题，在问题中得到成长，这才是积极心理学在班级管理中的核心部分。

### （二）有效地挖掘学生的兴趣

积极心理学认为，一个人对于自己生活中所遇到的所有生活事件都有一个认知的过程。比如，当事情出现时，从接收到领悟的过程就是认知过程，在这个过程中，人会对事件进行分析、构建、预测以及回忆等。在不一样的认知操作下，人的行为也不一样，但这对于人的积极心理会有大的影响，面对这样的挫折和精神负担，学生往往会采用消极的态度来对待，而很多时候，正是因为这样的消极态度使得学生失去希望，最终阻碍了学生的未来发展。针对这类情况，班主任应当积极地对学生进行心理教育，培养学生们积极乐观的心态，从消极的事件中找出存在的正能量，并以健康积极的态度看待事情，做出及时的反应。

## （三）关注学生的个人品质

班级管理过程中，班主任要以欣赏的眼光去看待学生。很多时候，班主任的言辞会对学生造成很大的影响，而教师用欣赏眼光看待学生，能够让学生充满自信。而这也意味着班主任要从学生的缺点深入，尽可能地去挖掘优点，并将其逐渐放大，让优点慢慢地覆盖过缺点。班主任不能够将班级管理仅限于课堂管理上，还要将其延伸到课外。班主任要对学生与班级很熟悉，了解学生的个性化差异，了解其特点是什么、专长是什么，给学生的发展缔造有利的条件。

## 三、营造积极的班级氛围

### （一）开发和探索学生的积极品质，加强学生的自我发展能力

在班级管理中，积极心理学更重视提倡积极的能量，其将善良和道德当成是研究对象，激发出学生潜在的积极品质与力量，从而让学生和班主任获得幸福感。而在这个过程中，班主任作为学生在校期间的"父母"，不能只关注学生存在的问题和不良行为，而是要将更多的时间和精力放在激发学生潜力上，发展学生身体里面的正能量和积极性潜力，从而使得学生可以对自己的生活和学习充满希望和自信，并渐渐突破自己原本的局限性。如，让每个学生从二十四美德中选择出自己具有的积极品质，并用一些生活中的实际行动来说明该品质。从这个过程中，很多学生都发现了自己的优点和优势，这对于培养其积极性有着极大的帮助。当学生们用自己的事迹对所选品质进行解释时，可以让学生发现自己的优质品质，这也是属于他们的优点，在之后的生活中用更多的行为将优点逐渐放大。

### （二）建立班级积极组织，营造和谐成长环境

积极心理学除了提倡积极的能量外，还告诫班主任要以欣赏和正确的眼光去看待每位学生。在学校班级管理中，班主任要挖掘每个学生的积极情绪和人格特征，创造积极良好且适合学生本身的班集体。学生的生活一般都是班集体、家庭两点一线，而平时在校时间一般都比在家时间多，所以班集体的质量对于学生的品质也有一定的决定作用。当学生在一个优秀的班集体中成长，就会长期受到熏陶，从而产生自豪感，也可以培养责任感、幸福感以及归属感。

在这个过程中，班主任应该建立起积极的班级组织，给学生们打造和谐的成长环境。比如，无规矩不成方圆，在社会上有着很多的规矩和规则，班集体也属于一个团体，必须要有规则进行支撑。班主任在制定班规时要遵循人性化原则，所制定出来的班规是学生都认可且可以接受的，如此在执行时学生才能心悦诚服。班主任可以让学生以匿名的形式，写下自己对于班规的建议，班主任再综合各位学生的建议来打造班规。班规的形成是班集体的重要组成部分之一，如果没有班规，班集体就是不完整的，要想制定一个积极向上的

班规，离不开学生和班主任的共同努力，而为了达到一定的班规执行效果，班主任也可以竞选的方式选拔班干部。这样既让学生有了展现自己的机会，又让班规的执行有了牵头羊，慢慢地，就会在班集体中形成良好的班规执行风潮。

## （三）营造积极的班级文化，形成积极进取的班风

一个班集体的作风决定了班集体的容貌，当好的班风形成之后，班主任在之后的管理中会简单轻松很多，而在这个过程中，好的班级文化起到了促进和推动的作用。一般优秀良好的班级文化，其表现形式也是十分积极的，并慢慢地在课程资源中形成隐性教程。积极心理学在班级管理中的应用旨在刺激学生的内在积极力量和品质，从而使学生可以在内心深处埋下积极的种子，这对于其未来的发展，不论是在今后的学习生涯中，还是在未来的就业中都有着极大的促进作用，也有着积极的影响及意义。班主任要尽可能地为学生营造良好积极的班级文化，促进班风的积极形成。比如，当班主任在接手一个班级时，就可以给学生传达这样一个理念，班主任和学生要努力组成一个高质量的班集体，班主任应该做一个优秀的班主任，而学生也应当做高素养的学生。当这个理念根深蒂固之后，可以让学生和班主任自己也习以为常，长期保持如此的特质和美德，并在此基础上以行动来落实，随着时间的增长，学生和班主任都会养成一种终身习惯。

## 四、积极心理学对班主任工作的启迪

### （一）转化问题学生

在班级管理中，班主任面临着很多的挑战，有的班主任想方设法也不能达到很好的管理效果，从积极心理学的视角来看，我国各个阶段的教学都会存在问题学生，而导致问题学生教育难的根本原因，很多时候并不在学生身上，而是在班级管理的方法手段上。有的班主任一直以来都是以消极教育法进行班级管理，他们试图改善问题学生的现状，却不料问题愈加严重。当班主任在使用各种消极方法对待学生时，学生本能的反应就是抵触和反感，由此导致学生的问题更加严重。因此，总体来说，积极心理学在班级管理中更有应用价值。

### （二）让班集体的学习生活变得快乐

班主任通过积极的教育方法对班级进行管理，使得学习生活更加快乐，学生们会感受到融洽的学习氛围。在管理时，有的班主任稍不注意就会导致学生消极学习情绪的出现。而在积极心理学视角下，班主任就像是一个擅长激发官兵斗志的指挥官，调动班集体的氛围，提升班集体的质量，让班集体的学习生活变得快乐。

### (三)做一个幸福的班主任

积极心理学比较重视人的幸福感和满足感,在教育中也是如此,其将班主任和学生的幸福感当成是最终结果,站在积极心理学的视角而言,在班级管理中,班主任既是根据院校的要求对学生进行管理,也是进行自我管理的过程。有的班主任可能觉得,班主任工作是和普通教师不一样的存在,往往这样的工作压力更大、工作范围更大,再加上社会教育环境不尽如人意,学生们存在的问题也各不相同。诚然,班主任的幸福感和满足感也来源于班级管理过程,这也是最终决定班主任工作心态的主要因素。

在实际班级管理过程中,站在积极心理学的角度来看,班主任应该开发和探索学生的积极品质,加强学生的自我发展能力,建立班级积极组织,从而营造和谐成长环境,形成积极进取的班风。而在班级管理过程中,班主任也会渐渐学会正确转化问题学生,让班集体的学习变得更为快乐和谐。与此同时,还可以做一个具有幸福感的班主任。对于班主任而言,其幸福感和压力都来自班级管理,这对于其今后的工作而言也是一种磨炼。

总之,在班级管理中引入积极心理学,正确面对学生问题,不仅可转化问题学生,提高学生素养,还能让班集体收获一种快乐与幸福感,从而实现班级管理的高效。

初中班级管理引入积极心理学,符合时代发展的要求,与学生思想成长相契合。积极心理学要求班主任以积极态度看待学生问题,也促使学生以积极心态融入班集体,疏通师生关系、优化管理规程、创新教学活动,在不断挖掘学生积极潜质的基础上,营造良好的班级气氛,培养学生良好的个性品质和乐观精神。

积极心理学视角下的班级管理,需要班主任关注每一个学生的心理需求。在具体执行时,班主任要尊重学生的个性追求,有针对性地进行引导,这样才能营造积极的班级管理气氛,增强学生班集体意识,对学生健康成长发挥重要的促进作用。积极心理学给班主任班级管理工作带来崭新的突破点,能够打造个性、民主、团结、活力、开放的班集体,全面提升学生的核心素养。

## 五、疏通师生关系,营造积极班级气氛

师生关系构建中,教师作为主动者,需要做出高姿态,深入到学生群体之中,了解学生所思所想,跟学生一起活动、一起思考。这样,学生把老师当成良友,向老师敞开心扉,教师开展教育工作自然会达到潜移默化的效果。班级积极气氛指数高低,直接决定了班级管理品质的优劣。因此,营造良好的班级氛围,应该成为班主任班级管理工作的重要目标。营造良好班级气氛,需要从几个角度展开创设活动。首先,班主任要给学生创设一个整洁优美的学习环境。班主任可组织学生对班级进行美化活动,确保教室内外干净、整齐。其次,班主任要全程参与班级管理。班主任要和学生共商管理大计,在班级管理制度设计、管理执行、管理评价等环节,发动学生给出意见,营造民主管理的氛围。最后,班主任要

经常开展学情调查活动，倾听学生的心声。班主任要多让学生给老师提意见，并对班级管理出谋划策。班主任集思广益展开管理策略征集，不仅能够丰富班级管理信息，还能够拉近与学生的距离。班主任和学生是班级管理的主体，搞好二者之间的关系，对构建和谐共赢班集体有很大的帮助。因此，班主任要从不同视角出发，展开学情调查、征询学生的管理意见，体现民主管理意识，营造良好班级管理氛围。实践证明，班主任以良好的心态积极付出，其管理效果自然会维持在较高水平上。

## 六、优化管理规程，积极对待学生问题

作为班主任，在执行班级管理章程时，要从学生实际出发，给出最为科学的教育方案。班级管理规章制度制定时，班主任要发挥民主精神，积极吸收学生的意见，对相关管理措施进行优化修改。在引导学生执行《中学生守则》和《日常行为规范》时，班主任要有人文意识，积极对待学生的问题。在班级管理体系构建中，班主任要引导学生主动参与。特别是班干部队伍建设，班主任要给出明确的引导。作为班干部，其主要职责是为大家提供服务，做学生的"公务员"。班级管理章程众多，班主任在执行监督时，需要引入人文思想，从积极心理学视角对待学生的问题。例如，学生迟到是比较常见的违规行为，班主任要做好信息搜集，不可随意给出评判，甚至是惩罚。学生大多不会故意迟到，迟到肯定有自己的原因，班主任要耐心听取学生的解释，并做好相关调查，然后再给出具体的判断，这会让学生感觉老师处理问题是贴近人情的。如学生之间出现矛盾纠纷，班主任要展开全面调查，不仅对当事人，还要对旁观者，甚至要涉及双方的家长，这样才能做出正确的判断。在具体实施责任追究时，班主任还要与当事学生达成共识，这样才能体现教师的公正、公平意识。班主任是班级管理的灵魂，在积极心理学指导下展开管理行为，体现的不仅是一种人文关怀，而且对学生健康人格塑造也有重要影响。同时，班级和谐程度越高，学生成长的正能量越足。

## 七、创优班级活动，增强学生归属意识

班级管理要呈现积极态势，需要班主任根据学生实际进行科学规划，并利用现有条件开展多种形式的班级管理活动，这对促进学生参与班级管理有积极的意义。班级活动形式众多，班主任要做好筛选，提升班级活动设计的适配性。如果班主任能引入竞赛性活动，那么就一定能激活学生的潜能。如，班主任在班级范围内开展"比学赶帮超"活动，能激发学生的兴趣，让他们在学习中不断成长。班级活动设计时，班主任要做好全面考虑。首先，班主任要考虑学生审美取向，学生喜欢的才是最具价值的。其次，班主任要考虑班级的现有条件，在活动的设计上更有针对性，其适合度自然会更高一些。如文娱性会演活动，是学生最乐意参与的，教师要给出更为专业的指导，帮助学生选择表演节目，展开精心排练，这样才能让学生在具体参与过程中获得积极心理的成长，也为班级管理带来正效应。

班主任经常开展班级活动，不仅为学生提供了难得的体验机会，而且对学生积极心理成长有重要的助力作用。这样，班级气氛活跃起来，民主和谐成为主流意识，班级管理自然实现了升级。

综上所述，有些家庭教育存在着误区和短板，导致一些学生个性心理凸显、自我意识较强。因此，班主任在开展班级管理时，需要针对学生的心理实际，给出更为科学的引导，以学生为本设计管理措施，并积极疏通师生关系，优化管理规程，创优班级活动，为学生提供自我成长的环境。

21世纪伊始，美国心理学家就提出对积极心理学的研究，认为积极心理学应该用积极的态度来激发人内在的积极力量，从而发挥其最大的潜能。因此，在班级管理中，班主任要改变传统的管理模式，以团队活动课为载体，巧用积极心理学，挖掘学生的积极力量，帮助其战胜自卑，重拾自信，学会倾听接纳，建立良好的人际关系，形成健康积极的心理。

## 八、战胜自卑，重拾自信

刚从小学升上初中的学生，往往会不适应一个新的环境，常常表现出"自己不如别人""我干不好""我不会"等心理状态，久而久之，这些学生就会逐步形成自卑的心理。因此，如何引导学生正确地认识自我，战胜自卑，重拾自信，显得尤为重要。

在现实生活中，很多学生喜欢给别人或自己"贴标签"，经常说："我怕，我不行""我不善于表达""我很容易紧张"；老师们也喜欢给学生贴上"尖子生""差生""调皮生"等标签；家长们也喜欢给孩子帖上"我的孩子真笨""我的孩子做事慢吞吞""我的孩子真丑"等消极标签。这些学生被贴上消极标签后，往往就会用来暗示自己，认为自己做什么都不行，自信心不断下降。由此可见，消极标签已成了打击学生自信心的一大杀手。

学生消极标签的自我认识。先让学生为自己写下一个自我标签，然后随机选取学生的自我标签，全班分享，并对标签分类，分积极自我标签与消极自我标签。

理解心理学上的"标签效应"。曾经有两个学生，小东和小桦。小东是一个活泼开朗的阳光男孩。他从小喜欢唱歌，还立志以后要成为一名歌手。有一天班上的一位同学对小东说："你唱歌走调，很难听。"从那以后，小东对自己失去了信心，想唱歌时，总认为别人会笑自己，再也不唱歌了。后来，小东不但放弃了唱歌，而且经常违反纪律，学习一落千丈。小桦是一个经常违反学校纪律的孩子。据笔者观察，小桦是个讲信用的孩子，不至于一事无成。于是，让他每天发现别人的一个优点，并写下来。半年后，小桦发生了很大的变化，他竟然朝着别人的优点去做。小东和小桦的这种现象，就是心理学上说的"标签效应"。

了解消极自我标签的危害。学生分享自己与标签的故事，讨论积极、消极自我标签对人的影响。结果表明，为自己贴上积极的自我标签，撕掉消极的自我标签可以战胜自卑，重拾自信。

改变心态是撕掉消极自我标签的常用招式。当自己不自信时，其实是消极标签在作怪。

因此，要多用乐观的心态去思考，多想自己的优点，多做练习和尝试，把弱项变成强项。

用积极的心态、鼓励的语言为自己贴上积极的自我标签。尽可能不用贬义的自我描述，多使用积极的自我描述。当自己出现消极的情绪时，要告诫自己"没关系，我可以的"。

## 九、倾听接纳，轻松处理人际关系

### （一）学会表达

班会课上，小君谈自己的理想：做个有钱人。同学们听后纷纷议论他为"钱奴"。是的，在我们生活中不恰当的表达，往往会导致事情弄巧成拙。如果他说："将来做个有事业有追求的人"，这样的表达更容易让同学们接受。因此，在表达时要关注倾听者的感受。

### （二）用心倾听

学生两两一组进行角色扮演，一方为倾诉者，另一方为倾听者。倾诉者向倾听者朗读一篇文章，倾听者不理会倾诉者朗读的内容，自己做自己的事情。角色扮演结束后，大家互相谈自己的感受。倾听者因没用心听，不知道文章的内容；而倾诉者也总觉得自己没被尊重。因此，在与人交谈时，要用心倾听对方的表达。这样，既能听清楚对方表达的内容，又能尊重他人。

### （三）悦纳他人

一天，小静把自认为非常满意的作品带给小吉欣赏。而小吉却十分挑剔地指责作品中存在着各种各样的问题。小静听后，十分恼火，自己辛辛苦苦完成的作品却被他鸡蛋里挑骨头。这说明小吉对他人过于苛求。的确，人无完人，我们应该将心比心，多从他人的角度考虑问题，悦纳他人。

通过活动，学生了解到只要真诚地付出，用心去感受和倾听，真心去接纳和理解，就一定可以轻松处理人际关系。

总之，我们要做教育的有心人，以团队活动课为载体，巧用积极心理学，让学生在活动中获得积极的情感体验，促使学生更好地调整积极的心态，引导学生心理健康发展。

# 第五章　心理健康教育

## 第一节　撬动心理健康教育的支点

随着素质教育的全面推进，心理健康教育在学校教育工作中发挥出越来越大的积极作用。结合实际工作，广东省深圳市龙岗区横岗街道安良小学积极搭建平台，从教师队伍建设、心育课程、心育与德育相结合、心育校园文化环境四个方面，将"心育"渗透到学校教育和教学工作的方方面面中，充分发挥心理健康教育工作对学校教育教学工作的促进作用。

### 一、与教师队伍建设相融合，为学生成长保驾护航

学校重视学生的心理健康教育工作。在"心育"过程中，遵循学生心理发展规律，通过多种教育途径，提高学生的心理素质，培养学生积极乐观、自尊自信、坚忍顽强的心理品质，促进学生人格健全发展，充分开发学生的心理潜能，为学生健康成长和幸福生活奠定基础。

打造梯队型心理健康教师队伍。为了形成心理健康工作长效机制，学校从专业人才引进与培养、心育骨干教师队伍建设、心育普通教师队伍建设三个方面打造梯队型心理健康教师队伍。首先，通过招聘引进心理学专业研究生以上学历的心理健康教师，为学校的心育工作提供人才保障和专业保障；在此基础上，每位心理健康教师每学年接受60学时以上的专业培训，保障其专业知识能力不断提高；其次，打造一批心理骨干教师队伍，定期对班主任进行专业心理健康培训，鼓励班主任考取心理健康教育C证、B证，掌握相关心理学知识，在平时班主任工作开展中，能够有效运用心理学原理和知识进行教学和德育工作，能够有效识别和紧急应对校园心理危机事件；再次，提高科任教师的心理健康知识，发现和识别学生心理危机，要及时进行上报，并运用心理学原理和知识进行教学。

提高教师心理健康水平。只有心理健康、积极向上的教师，才能为学生营造一个和谐的学习环境。学校积极关注教师的心理健康状况，开展心理健康专题培训、心理沙龙、团队建设等多种形式的活动，疏解教师的心理压力，让教师学会正确排解情绪及压力的办法，保持教师的心理健康水平。

## 二、与课程相融合，搭建心育主阵地

根据学生特点，设立校本心理课程。学校学生以外来务工人员子女为主，有着群体性心理特点，他们较本地学生更敏感自卑，学习焦虑严重、懂事明理，但行为习惯不良。为了更好地促进他们的成长，使心育更有针对性，每个学年的开学初，学校都会对学生进行心理健康状况、应对方式、学习方法等心理测评。根据测试结果，有针对性地开展教学。比如，《对学习焦虑说"不"》让学生充分认识学习焦虑并不可怕，改变认知；《我的情绪我做主》让学生学会调控情绪，排解烦恼。课程结束后，会对学生进行后测，检查教学效果，再进一步完善课程。

培养学生思维品质，提高学科学习能力。心理健康教育不仅仅是对学生情绪调节、认识自我、个性品质等进行训练，还有很重要的一点是让学生学会学习，掌握科学的学习方法和良好的学习习惯。我校开设心育课程时，注重对学生思维能力和心理健康两方面的培养。在设计课程时，应采用思维型教学，强调对学生方法技巧的训练，达到"授人以渔"的效果。如在《风马牛都相及》的教学中，与语文学科相结合，训练学生的联想能力。导入部分用"风马牛不相及"和"蝴蝶效应"两个典故，让学生形成认知冲突，"看似不相干的两个事物，它们到底是不相及还是都相及呢？"在每个环节中都鼓励学生积极思考，寻找解决办法。教师着重引导学生理清"你将运用什么方法来解决问题"，给学生提供脚手架，让学生自主建构、积极思考、自己寻求解决问题的办法。

有效利用"四点半课堂"，拓展心育工作阵地。利用"四点半课堂"，开设创新思维社团、朋辈互助社团、心理剧社团等。根据学生的兴趣和关注的热点设计活动，发挥学生的主观能动性，提高学生的思维能力、人际沟通能力、心理健康水平等，同时激发学生对心理知识的学习热情，关注自身的心理健康。

## 三、与德育相融合，教育效果事半功倍

如今，越来越提倡"大德育视野中的心理健康教育"，心育是进一步加强和改进中小学德育工作的重要组成部分。可以说，心育与德育既互补又相融，而且存在互动关系。在平时的教学中，学校提倡将心育与德育工作相融合，使教育达到事半功倍的效果。

深化拓展德育的内涵。在对学生进行德育教育时，只注重道德概念、原理的灌输是远远不够的，需要根据不同年龄阶段学生的心理发展特点，将心育与德育相结合，将道德情感、信念和行为，内化成学生的内在信念，才能真正发挥出德育的效果。

心育是实施德育的有效途径。从心育中选择一些方法作为德育工作的新途径，提升德育工作的成效。如对学生进行教育时，采用疏导、角色扮演等方法，让学生更加容易和乐意去接受。针对"预防校园欺凌"的教育主题，我们会通过班会课、专题讲座、国旗下讲话等在学生中进行宣传教育。但是对于隐性存在的校园欺凌者或是在校园欺凌中对被欺凌

者造成的心理创伤，我校会运用心理剧的形式，让学生亲自参演，根据生活情景自编自演。在创作中，为学生搭建自助和互助的舞台，促使学生进行反思，从而达到自我教育的目的。

在班级建设中，重视学生的心理建设，通过班会课、心理课、教室环境文化布置、学生工作渗透等方面，让学生从内心接纳班级，改善班级心理环境，从而使学生对班级产生真正的向心力，更加团结友爱。

## 四、与校园文化环境相融合，渗透实施心育工作

将心理健康教育融入校园文化环境中，通过环境潜移默化的影响对全校师生进行心理健康教育知识宣传工作，让更多人了解心理、认识心理。

学校在校园里开辟心理宣传专栏，定期向学生普及心理健康知识；在心理咨询室门口设立实体悄悄话信箱，同时公布电子信箱，让学生把心里的烦恼投放进来，心理教师通过回信、个体预约等方式为学生提供安全、私密性强的心理援助。

在每月的校报开辟"心理加油站"板块，每期选取一个学生关注的热点心理话题进行讨论。比如"爸爸妈妈我爱您""轻松应试我能行""对假期拖延症 say no"，同时将在学校中开展的心理活动进行总结，让学生和家长进一步了解心理，走近心理。

在心理健康宣传月中，每年设定不同的主题，让学生、教师共同参与，形式丰富多样，开展心理知识展板宣传、心理剧大赛、心理手抄报比赛、黑板报比赛、心理游园活动等。通过丰富多彩的活动，增强学生心理健康的意识，同时丰富学生的课余文化生活，使他们能以健康的心态对待生活和学习。

学校心理健康教育如何有效开展是每所学校必须重视的课题，也是一个需要长期研究的课题。时代在变化，我们的教育环境和教育背景也在不断变化，更需要与时俱进地开展心育工作。学校既要教书，又要育人，其心理健康教育正是彰显了以人为本的育人理念。

教育部《中小学心理健康教育指导纲要（2012年修订）》和《中小学心理辅导室建设指南》中指出，心理辅导室是心理健康教育教师开展个别辅导和团体辅导，帮助学生疏导与解决学习、生活、自我意识、情绪调适、人际交往和升学中出现的心理行为问题，排解心理困扰和防范心理障碍的专门场所，是学校开展心理健康教育工作的重要阵地。

在此基础上，甘肃省嘉峪关市大唐路小学以心理辅导中心为支点，全面开展学校的心理健康教育实践。学校在全面开展心理教育活动的基础上，创造性地探索出"塑阳光心灵、育阳光少年、建阳光校园"的心理健康教育新理念。在此理念的指引下，学校心理健康教育工作的开展促进了学生身心的和谐发展，引领了学校心理健康教育工作的顺利进行，同时，为培养学生的健全人格、为学生的终身发展奠定了良好的基础。

## 五、组建"心育中心"

### （一）改善"心育"环境

学校自 2010 年开始实施心理健康教育工作，成立了由校长负责的心理健康教育领导小组。在各级教育主管部门的关怀和指导下，学校的"心育"环境发生了很大的变化，主要表现在心理辅导室的建设、心理健康教育活动课以及个体与团体心理辅导工作的开展等。

### （二）加大资金投入

学校除配备了专用仪器设备与教辅工具之外，还配置了总面积为 382 平方米的心理健康教育辅导中心。心理健康教育辅导中心设有个体辅导室、沙盘游戏室、放松室、团体辅导室、学生阅览区、心理测量室、心灵驿站教师书吧、办公区等。除此之外，学校还配备了心理测量管理软件、心理档案资料柜、心理咨询热线、心理辅导信箱等心理健康教育必备的设备。

### （三）购置心理健康教育书籍

心理辅导中心征订教师心理健康教育和学生心理健康教育的书籍有 60 余种，如《大众心理学》《校园心理》《心理与健康》《中小学心理健康教育》等心理教育类专业书籍。

### （四）加大师资投入力度

心理健康教育辅导中心现有专职教师 1 名，兼职心理辅导教师 2 名，其中有 2 名教师获得国家二级心理咨询师、1 名教师获国家三级心理咨询师资格证书。同时，学校定期选派专兼职教师参加国家级、省级、市级培训，并要求参加完培训的教师在学校对全体教师开展二级培训。在此基础上，广大教师的专业水平得到很快提升，为心理能康教育工作的开展提供了专业保障。

## 四、创立"14357"工作机制

### （一）树立"一个理念"

一直以来，学校都秉承"塑阳光心灵、育阳光少年、建阳光校园"的心理健康教育理念。学校领导在引领学校心理健康教育工作开展的同时，要求学校全体教师认真贯彻促进学生身心和谐发展、培养学生健全人格、为学生终身发展奠定良好基础的工作理念。

### （二）明确"四个目标"

阳光学生。学校教育要提高全体学生的心理素质，充分开发学生潜能，培养学生乐观、向上的心理品质，使学生认识自我，增强调控自我、承受挫折、适应环境的能力。另外，对有心理困扰或心理障碍的学生及时给予科学有效的心理辅导，使学生尽快摆脱障碍、调节自我，提高心理健康水平。

阳光教师。教师要能够主动调适心理问题，学会用科学的心理学知识管理自己的情绪，用阳光积极的心态参加工作。

阳光家长。家长需要了解和掌握中小学生心理健康知识，在家庭中要对自己的生活和孩子的教育起到良好的引导作用。

阳光校园。学校需要形成积极健康的校园文化氛围，将"心育"和"德育"进行有机整合，共同促进学校核心素养教育的全面发展。

## （三）坚持"三个渗透"

教学渗透。学校提倡"阳光教学"，要求教师把阳光带进课堂，即"把微笑带入课堂，把民主带入课堂，把鼓励带入课堂"，使课堂充满温馨、温暖、温情，以激发学生的自主创造性。

德育渗透。学校将心理健康教育与德育工作有机结合、相融共建，其理想状态是"以心育德，以德养心，融为一体"。在具体的工作中，学校逐步将心理健康教育的思想与德育内容相渗透，充分发挥心理健康教育与德育工作的协调机制，以培养新时代人才所需要的健全人格。

管理渗透。学校要求所有教师把培养学生的心理素质作为教育教学的一项重要目标。尤其是班主任教师在从事班级管理的工作中，要围绕学生常见的心理健康问题展开班会讨论，可让学生以自由发言或以小组讨论的方式总结发言，以切实解决学生的心理问题，提高学生的心理品质。

## （四）实行"五个结合"

将心理健康教育与课堂教学相结合，形成健康课堂。学校要求教师在教学中做到"三抓"。一抓：挖掘教材中蕴含的心理健康教育内容；二抓：提高在传授知识的过程中自觉渗透心理健康的意识；三抓：激励和培养学生积极情感和积极行为的能力。

将心理健康教育与养成教育相结合，形成健康校园。将心理健康教育与学校养成教育有效结合，要积极培养学生良好的学习习惯、生活习惯、社会行为习惯。

将心理健康教育与教师培训相结合，塑造健康教师。学校会定期开展心理健康教育知识讲座，指导教师合理调试自己的心态，克服职业倦怠感，从而用积极健康的态度迎接每一节课、每一次教育教学活动。

将心理健康教育与课题研究相结合，形成健康科研。学校在此基础上申请并开展了心理健康教育课题研究。同时，将心理健康教育课题研究的成果渗透到各个学科的教学之中，以增强教师和学生的心理辅导能力和自我调节能力，最终提高学生的心理健康水平。

将心理健康教育与家庭教育相结合，形成健康家庭。学校会定期为家长举办心理健康教育专题讲座，普及心理健康知识，并在开展讲座的过程中，帮助家长及时了解和掌握孩子成长的身心特点、规律以及相关的家庭教育方法。

### （五）建立"七条疏导渠道"

个体辅导。学校定期对师生开展心理健康普查，了解师生的心理健康状况，并有针对性地开展个体辅导，做到预防与辅导相结合，提高师生的心理品质。

团体辅导。学校根据学生的年龄、年级、家庭特点定期开展团体辅导，通过团体辅导解决学生的一些心理问题，使学生健康、快乐地成长。

家长沟通。学校每学期都会在家长会期间，向家长普及心理健康教育知识，提高家长的心理健康水平，促进亲子沟通。

心理拓展训练。学校每年开展"5·25"师生心理拓展训练，既能有效缓解学生的学业压力，又能释放教师的心理压力、激发教师的潜能，同时还能增强教师团队的凝聚力，提升其职业幸福感。

"心理热线"。"心理热线"主要针对的是部分不愿面谈的学生建立的，同时也针对家长。"心理热线"可在线随时解答家长在家庭教育中遇到的困惑或难题。

"知心信箱"。学校心理健康教育指导中心设有"知心信箱"，学生可以将自己的心理困惑以书信的形式投入"知心信箱"，心理教师再以回信的方式与学生谈心交流，或就"知心信箱"反映的有代表性的问题进行个案辅导和剖析，并予以解答。

"心灵相约"校园电视台。校园电视台作为新型的媒体形式在校园中传播资讯，它能以直观的图像和即时的声音传递心理健康教育的内容，其覆盖面广、时效性强，可以有效弥补传统心理健康教育的不足。与此同时，学校还将"心灵相约"校园电视台与校园心理剧、心理健康教育活动课、心理微视频等心理健康教育内容进行有效整合，利用信息技术媒体的作用推动心理健康教育的整体发展，以取得更好的教育效果。

经过九年的探索与实践，学校心理健康教育工作取得了可喜的成果。通过调查，我们发现不仅学校教师心理健康教育教科研整体水平有了显著提高，学校师生的心理健康水平有了明显提升，而且家长的教育方式也变得更科学。与此同时，"塑阳光心灵、育阳光少年、建阳光校园"的理念既促进了学校心理健康教育的深入发展，同时也推动了健康、快乐、文明、和谐、向上的校园文化的形成。

除此之外，在工作的开展过程中，我们也反思到了许多不足，仍然需要不断加强和完善。心理健康教育工作是一项任重道远的工作，心理健康教育辅导中心作为学校开展心理健康教育工作的重要阵地，将会继续扎实有效地推进学校心理健康教育工作的开展，为青少年的全面健康成长奠定基础。

## 第二节　如何优化心理健康教育

随着时代的发展、社会需求的改变，心理健康教育成了素质教育的重要构成内容，成了校园文化建设的重点工作。尤其是小学阶段，素质教育要求积极开展心理健康教育，打造拥有健康、阳光心理的儿童，以适应日后激烈的社会竞争。但是，目前小学心理健康教育形式单一、教育渠道狭窄，导致教学效果并不理想。鉴于此，本节就优化心理健康教育进行了研究。

经过多年的研究，大家在衡量心理健康的标准上达成了共识，共有七方面的内容：智力水平是否正常、是否有自我意识、人际关系是否和谐、生活态度是否积极、社会适应能力是否良好、情绪是否乐观向上、人格是否完整。这为小学心理健康教育指明了方向。因此，小学心理健康教育是运用恰当的方法和策略，有计划、有目的地进行教育、渗透自我意识、社会适应、人际关系、情绪调节等方面的内容，维护、调整心理健康状态，帮助小学生构筑良好心理素质的教育。然而，目前小学心理健康教育并没有落到实处，有教无育。换句话说，小学生知道什么是健康的心理，但是不知道如何打造健康心理。这说明教师的教学出现了问题。鉴于此，我提出了以下三种有效的心理健康教育形式，以优化心理健康教育。

### 一、重视心理辅导活动

世界上没有完全相同的两个人，尤其是在自由、开放的今天，学生个性鲜明，个体差异较大。因而，在心理健康教育中，教师尤其不能采用"放羊式"教学，忽略小学生心理差异。那么，应该怎么做呢？心理辅导活动是一种有针对性和实践性的教学方式。所以，在教学中，教师可以根据不同学生的心理需求设计心理辅导活动，帮助学生在活动中调整心态，学会构建健康心理的方法，使每个人的心理都有所改善。

例如，教师可以组织"分享会"活动。即全班学生围成一个大圈，在教师的引导下每个学生都进行内心分享，可以是痛苦，也可以是喜悦，以此宣泄情绪，找到调节自我心理状态的方法。同时，教师认真记录每位学生的发言，了解班级学生的心理健康状态，从而对症下药，调节学生心理。比如学生A分享了自己遭受校园暴力的故事，宣泄了情绪；首先引导学生给予他拥抱和鼓励，让他感受温暖，勇敢面对伤害；其次就他的遭遇，教师进行专项心理辅导，帮助他调节心理，恢复心理健康。在整个心理辅导活动中，一方面，学生互相之间可以给予帮助，另一方面，教师也可以进行专门辅导，一举两得。所以，心理辅导活动是优化心理健康教育的有效形式。

## 二、注意团体辅导活动

团体辅导是一种"归类"辅导方法，具体来说，是将拥有相同心理状态的学生放在一个群体环境中，开展有针对性的辅导。这种辅导活动的好处在于，学生之间能够形成心理支撑，使他们有勇气面对心理问题，找到解决问题的方法。所以，团体辅导活动也是小学心理健康教育的有效形式。既可以减轻教师心理辅导负担，又可以有效调整学生心理，起到事半功倍的效果。

例如，面对一批在人际交往上存在困难的学生，教师可以组织"无敌风火轮"游戏。在游戏中落实团体心理辅导，提高学生协调人际关系的能力，增强心理素质。具体如下：

首先，小学生们需要在规定的时间内制作一个能够容纳 12~15 人的大圆环并立起来，在这个过程中，考验问题学生克服困难、协调组织、计划配合等方面的心理因素；其次，团体成员站进圆环内边走边滚动圆环，这一过程考验学生服从指挥、相互信任的心理；最后，就游戏过程中的表现进行相关心理评价，使学生找到解决心理问题的方法，有效调节心理。在整个过程中，学生通过感受、反思，获得了打造健康心理的方法，提高了心理素质。所以，团体辅导活动是优化心理健康教育的重要形式。

## 三、强调心理教育讲座

小学心理健康教育的最终目的是培养学生良好心理素质。但是，目前学生对于心理健康教育认识不足，缺乏调节心理意识。对于此，教师可以开展心理教育讲座，针对小学生普及心理健康知识，帮助学生安全度过青春期，形成健康心理意识。

例如，小学中、高年级的学生马上要进入青春期，心理上会发生一些变化。为了避免学生无所适从，教师可以组织心理健康讲座，讲座可分为两部分：讲解和解答。讲解部分的内容包括：青春期心理特点、青春期常见心理问题、心理问题等级划分标准、解决心理问题的办法、如何正确看待心理咨询、青春期不健康心理的危害举例等；解答部分主要是与学生进行互动，解答学生存在的疑问。通过青春期心理健康讲座，小学生形成了维护心理健康意识，做好了面对青春期心理变化的防御工作，培养了良好的心理素质。因此，组织心理健康讲座可以优化心理健康教育。

总之，在小学心理健康教育中，教师要以学生为中心开展心理健康教育工作，解决目前存在的心理健康教育问题，优化心理健康教育形式，使心理健康教育落到实处，切实提升小学生心理素质。

# 第三节　普通高中生的心理健康教育

当今世界科学技术飞速发展，国际竞争日趋激烈，我们要实现中华民族的伟大复兴，就必须努力培养同现代化要求相适应的数以亿计高素质的劳动者和数以千万计的专门人才。良好的心理素质是人的全面素质中的重要组成部分，是未来人才素质中的一项十分重要的内容。当代中学生是跨世纪的一代。他们正处在身心发展的重要时期，大多是独生子女，随着生理、心理的发育和发展、竞争压力的增大、社会阅历的扩展及思维方式的变化，在学习、生活、人际交往和自我意识等方面可能会遇到或产生各种心理问题。有些问题如不能及时解决，将会对学生的健康成长产生不良的影响，严重的会使学生出现行为障碍或人格缺陷。他们的健康成长，不仅需要有一个和谐宽松的良好环境，还需要帮助他们掌握调控自我、发展自我的方法与能力。

## 一、"教师应当是心理医生"是现代教育对教师的新要求

现代教育的发展要求教师"不仅仅是人类文化的传递者，也应当是学生心理的塑造者，是学生心理健康的维护者"。作为一名心理保健工作者，也许不是一个班主任的主要任务，但作为一班之"主"的班主任，能否以科学而有效的方法把握学生的心理，因势利导地促进各种类型学生的健康成长，将对教育工作成败有决定性的作用。

经过长期观察，我认为当前中学生中普遍存在的心理问题表现为以下几个方面：

（1）情绪方面的极不稳定，喜怒无常。当其情绪喜悦时，学习积极性高涨，与别人相处和谐；当其情绪烦躁忧郁时，学习积极性低落，与别人难以友好相处，甚至出现逃学、打架、斗殴等现象。

（2）意志方面一般为优柔寡断、虎头蛇尾、自制力差、易受暗示。当其情感冲动时，自制力较差，不能正确对待自己和控制自己，当外界诱因强烈时，容易动摇。当学习中碰到困难，生活中遇到不顺心的事时，就表现为悲观、失望，甚至退缩、意志崩溃、破罐子破摔。

## 二、班主任开展心理健康教育的内容

（1）认知与学习心理。如观察、记忆、思维、创造、学习环节和方法、思维方法、社会认知。研究表明，加强这方面的心理健康指导，可以使中学生按学习规律去学习，讲究学习方法和用脑卫生，注意劳逸结合，消除学习中的被动状态，从而更好地掌握注意、记忆、观察、思维规律，学会学习。

（2）心理品质。如认识自我、自信、兴趣、动机、能力、性格、气质、情绪、意志、

战胜挫折等。学习这部分内容，有助于让学生学会自我控制、自我管理与自我监督，从而学会做人。因为任何教育都必须通过学生自身的努力内化为自己的认知、情意结构，而内化的程度将取决于他们自身的素质，特别是心理素质。因此，心理品质教育是中学生健康教育的重要内容，是重头戏。

（3）人际关系。如社会交往，善待他人，正确处理与同学、家长、教师与集体的关系。通过这方面的教育，可使中学生提高交往能力，学会调整人际关系，无论现在和将来都能在和谐、安逸、轻松、愉快的氛围中学习、工作和生活。

## 三、班主任开展心理健康教育的途径

### （一）在班级管理中开展

班集体作为一个有着一定规章制度的严密群体，班主任可以利用这一群体有效地开展心理健康教育。

### （二）建立自主合作的管理模式

班级常规管理是一项整体性的育人工程，把学生的积极因素调动起来，制定班级管理的目标，才能够形成合力，共同构筑学生的自主合作的管理机制。这样，班主任必须想方设法构建学生自我管理体制，为学生设置多种岗位，让每个学生有机会上岗"施政"，有服务同学、锻炼自己、表现自己、提高自己的机会。如：建立各管理中组，明确各中组成员的岗位责任制；设立中班主任、中老师岗位，实行"一日班长轮值制"，每天由一位同学担任"值日班长"。

### （三）在处理学生间的矛盾时，着重学生深层心理的分析

因为心理健康教育注重的是人的发展性的问题，在处理学生的矛盾时，就不能简单地告诉学生对与错就行了，还要多问一个为什么？你当时是怎么想？为学生提供多种选择，让学生在自悟中慢慢使学生的心理得到发展。

### （四）在心理辅导课中开展心理教育

心理辅导课是班主任开展心理健康教育的一个专门的过程。针对学生在成长过程中所遇到的或将要遇到的一些典型的问题而设计的一个团体的辅导过程。如：新生入学的适应性问题、学生在交往中怎样处理与朋友的矛盾、学生怎样克服自我中心和任性等等。

### （五）在环境布置中渗透心理教育

首先，要重视班级环境的布置，培养良好的班风。班级环境的布置既要符合学生心理，又要有浓厚的爱国主义、集体主义气氛。如张贴名人名言，出好每期黑板报，开辟专栏，

重大节日和开展活动时,班级布置突出主题。班主任要把培养良好的班风作为班级工作的重中之重,同时树立"民主治班"思想,创造宽松环境,只有形成奋发向上的班风,才能让学生在集体的氛围中受到感染,培养学生积极向上的健康心理。

其次,要重视校园文化建设,培养优良校风。为了提高学生的心理素质,学校可通过多种形式,营造良好的育人气氛。如利用校园广播站,开辟心理健康教育讲座,通过黑板报进行心理健康教育宣传,保持合理竞争,激发学生的上进心。总之,校园文化的建设要能引起学生情感的共鸣,心灵的共振,将校园文化渗透于学生心理各方面,再转化为学生的良好行为。

当然,学校开展心理健康教育的途径和方式是多种多样的,如心理预防、心理辅导、心理咨询、行为矫正等。但我们更应重视学校心理健康教育渗透途径的作用,将心理健康教育融入学校教育全过程,促进全体学生心理素质发展和提高。

总的来说,心理健康教育不是班主任工作的全部内容。若想对学生进行心理健康教育,严格意义上,必须配合一定的心理健康课程与学校专门的心理咨询措施,但是作为一名班主任,结合心理健康教育来开展工作,又是必要和有效的。当然以上仅是我的一些粗浅探讨,那么如何在二者间寻找更加有效和完美的切入点,则需要我们德育工作全体同仁继续探讨和实践。

# 第四节 "学困生"心理健康教育初探

提高全民素质,要从小学做起,这就要求我们小学教师要关注所教的每一位学生,不让一个孩子掉队,尤其要对班级里那些智力正常、但学习上有困难、与实际教学要求有一定差距的学生,就是教师们所说的"学困生"加以重视。

## 一、小学"学困生"心理问题分析

我在二十几年的教学工作中发现造成这些学生学习困难的原因有许多。总的来说,形成学习困难的原因是由学校、家庭、个人的多方因素累积而成,其中学生自身的心理因素是十分重要的。我们教师、家长常说,某某学生不喜欢学习,其实仔细分析其心理,我认为许多因素值得关注。我发现这样几种心理现象较为普遍:

他们具有明显的自卑感、失落感。由于学习成绩差,与群体落差大,家长埋怨,教师指责,同学歧视,导致他们自暴自弃,不思进取,形成一种"失败定势"的心理暗示,对学习也就丧失了信心。

他们具有胆怯心理。由于一开始在学习上遇到小困难不敢向教师或同学请教,不愿意暴露自己的弱点,怕别人讥笑,时间长了就形成恶性循环。

他们都承受着心理压抑。在学习时常陷于痛苦、忧伤、难以自拔的心境之中，导致心理压抑。

他们都有惰性心理。由于小学生心理发育不成熟，所以学习上不肯用功，只图安逸自在，"玩"字当头，不愿意在困苦中学习。

他们多少都有逆反心理。常常受到批评、指责和嘲讽，对教师、家长的教育形成逆反心理。

他们受生理、心理发育限制，接受能力差，孤立地看问题，不善于分析和解决问题。缺少学习动力，学习兴趣低下，没有养成良好的学习习惯，不善于积累和运用适当的学习方法，因而造成诸多的知识漏洞，久而久之，便成为学习有困难的学生。

## 二、"学困生"心理问题对策

苏霍姆林斯基说："对每一个学习困难的儿童，我们崇高的使命就在于给予他一种自尊感。"一点点成功会给他带来无可比拟的欢乐、自豪感和自信心。可见，学习困难的学生他们因为各种因素而导致学习成绩差。

### （一）用师之爱，开学之心

孟子说过：爱人者，人恒爱之；敬人者，人恒敬之。爱心是促进学生进步基础和情感前提，教师只有用自己诚挚的爱心拥抱学生，才能让"学困生"解开心中胆怯、压抑之"锁"，让"学困生"敞开心扉。教师可以利用课余时间主动接近他们，与"学困生"进行定期谈话，了解他们的一些情况，并在生活上、思想上给予足够的关心；还可以在课间制造一些机会，与他们玩一些积极、健康的游戏，以营造一种互相合作的氛围，让他们在教师面前不再害怕，让他们在课堂上不再紧张，这样在课堂上才能快速调动他们的学习兴趣和热情，让他们爱上学习。

### （二）自我暗示，树立信心

没有正确的自我意识是许多"学困生"形成"失败定势"的原因。启发诱导他们找出最初对自己影响最大的一次失败，分析其疑点和问题的症结，消除其思想上的顾虑，帮助他们重新认识自我，让他们树立自我的信心。教师可以在每次分配给"学困生"学习任务时，都要有意识地指导他们进行自我暗示：以前我认为自己笨，是错误的，现在老师说我不笨，只要我认真去做，肯定能做好的。在学习的过程中发现他们小小的闪光点就大肆表扬，或者他们的答案接近正确答案的时候马上予以肯定，这样经过反复训练，学生就会逐渐对学习产生兴趣，乐意接受新的学习任务，不断消除"失败定势"的影响，形成"我能行"的自我意识。

## （三）激发兴趣，培养习惯

有些"学困生"成绩差，是因为没有学习兴趣，懒惰、学习习惯不好。针对这些孩子，激发他们的学习兴趣，培养良好的学习习惯就显得尤为重要。小学生的生理和心理特征发展决定了他们好奇心强、喜欢游戏的特点，所以学习过程中，结合学习内容讲一些有趣的故事，创设一些情景，多做一些孩子喜欢的游戏，让学生在学中玩，这可以激发学生的进取心和求知欲。此外，还需要在课堂上多关注他们，提醒他们养成专心听讲的习惯；教学中重视他们的每一次的参与、成功，即使是作业、学习态度、上课发言中的点滴进步，都应及时表扬，肯定他们的能力和态度，使他们体会参与学习、获得成功的喜悦，感受学习的乐趣；还要多和家长沟通、交流，让家长在家庭中多督促，以构成教育合力，这才能帮助他们克服懒散的心理，养成良好的学习习惯。

## （四）与家长沟通，合力教育

还有部分学生是因为家庭原因如父母离异而性格内向、孤僻，并伴有自卑心理，导致学习成绩落后。教师可以利用班会或活动时间主动找他们谈心，平时在学习、生活上多给予关心，平等地与其交流，给他们以宽容的态度，还可做好与家长的沟通，动员家长主动关心孩子的生活和学习情况，从而帮助他们摆脱心理阴影，无所顾虑地把心思用到学习上来。

总之，小学教育是基础教育的一个重要阶段，是一个人的身心健康成长和素质全面发展的重要时期。小学中"学困生"的转化更是一项长期、艰巨、复杂的系统工程，只要树立信心，将满腔热情投入其中，用爱心和耐心拨动心弦，巧妙疏导，就一定能产生"精诚所至，金石为开"的奇特效应。

体育课程标准的实施，使学生、教师都发生许多新的变化，但在课堂教学中，仍存在着许多不容忽视的问题。其中体育"学困生"是学校体育中一个不可忽视的群体。体育"学困生"普遍存在着自卑心理，自己觉得体能不如人，独立性差，依赖性强，只能适应顺境，受不了委屈或挫折；遇到困难茫然失措；缺乏意志力，害怕失败等心理问题。因此，如何在体育教学中通过对体育"学困生"的心理健康教育，帮助其解决心理发展中的矛盾与冲突，使其身心得到健康发展，是值得我们深入探讨的。

## 三、体育"学困生"的心理特点

初中阶段是青少年学生长身体、长知识和世界观逐步形成的时期。处于这一时期的青少年思想活跃，要求进步，但组织纪律性差，自控能力也较差；有创新意识，接受新生事物快，善于交往，但不能持之以恒，缺少艰苦奋斗精神；他们希望学有所成，有所作为，但往往知难而退，缺乏实干精神。体育"学困生"除了具有同年龄青少年一般的心理特征外，还具有以下"个性"心理特点：

## （一）体育学习动力不足

他们对体育学习和锻炼的意义认识不清，对体育的兴趣仅停留在对结果的需求上。

## （二）心理矛盾，情绪不稳

体育"学困生"有自卑、逆反、自闭、放纵等不同类型的心理特点。他们的自尊心和自卑感常常交织在一起，并时时处于矛盾状态中，他们对周围的教师和同学有恐惧感和对立情绪，他们的意志薄弱，自制力较差。

## （三）性格内向，缺乏自信

体育"学困生"大都有性格内向的特点。在集体活动中适应性较差，有时手足无措，不能充分表现自己的能力，缺乏自信心，往往知难而退。

## （四）意志品质薄弱

体育"学困生"意志品质比较薄弱、缺乏毅力、怕苦怕累，对持续时间较长、单调的项目难以坚持。缺乏勇气，担心练习中出现伤害事故，练习时束手束脚。

## （五）缺乏积极的情感体验

一些学生由于体形较胖、力量较差的原因，导致体育成绩较低，体验不到肌肉活动带来的积极感受。从而使这些学生主动进行锻炼的动力不够，体育成绩提高较慢。

# 四、了解"学困生"成因，制定切合实际的学习目标

仔细分析体育"学困生"的形成原因，大致可以分为三方面：遗传、环境、教育。"学困生"之所以成为"学困生"，就是因为他们达不到教师要求，完不成教师布置的任务，怕被别人说闲话，一直以来受"我不行"的心理素质影响，坐惯了冷板凳，所以便知难而退了，他们也就从自我感觉不行，到别人感觉不行，以至于成了人们印象中的怎么教育都不行，什么都不是的"差生"了。

我们在了解了这些情况之后，应该针对学生的个体差异，区别对待不同的学生，对症下药，多管齐下，多法并用，帮助"学困生"体验成功的快乐，帮助他们确定符合自己实际情况的学习目标。引导学生制定奋斗目标时，既要让他们觉得教师没有贬低自己的意思，更要让他们明确教师把目标分解开来，让自己各个突破的目的所在。在这个过程中，应该让学生充分体验到达成分段目标的喜悦，体验到成功的乐趣。这一环节，教师的态度和方法是促成学生分段目标达成的关键因素。

## 五、在体育教学中加强对"学困生"心理素质的培养

### （一）提高学生思想认识

体育"学困生"多数对体育缺乏正确认识，如有的认为身体强弱是先天决定的，有的把体育锻炼和文化学习对立起来，也有的只求不生病就行等。因此，要主动用生动的事例和科学知识有针对性地加强思想教育，并注意观察、深入了解他们的心理特征，把提高认识和培养兴趣结合起来，调动起积极因素，教育他们自觉积极地参加体育锻炼。

### （二）优化组合，表率帮带

努力营造一种学生之间相互尊重、互相关心、团结友爱的和谐气氛。利用优生影响体育"学困生"，带动"学困生"，使"学困生"产生"他能做，我也可以完成"的竞争心理，充分调动周边积极因素，通过集体的力量帮助他们，带动他们，不再使他们成为"孤立儿"和"嫌弃儿"，在最优化的环境中得以进步。

### （三）抓住时机，表扬激励

首先，体育教师不要让体育"学困生"常处于被人遗忘的"角落"，要善于并及时发现体育"学困生"的闪光点，及时表扬，激励体育差生的上进心，发挥他们的优势，从而使他们认识到自己的价值，不断进取。

### （四）区别对待，引起兴趣

对身体素质差的学生要降低标准，把练习中经常尝"苦头"的体验化为尝试成功的喜悦引起学生的兴趣。胆子小的，用风趣诙谐的语言，生动形象的比喻，消除他们的紧张心理。体型特殊的，可组织他们参加一些娱乐性节目，循序渐进，提高学生的兴趣。总之，给他们力所能及的可行目标，调动体育"学困生"内心的积极因素，改变其消极的自我认识，逐步树立自尊心、自信心。

### （五）投入师情，耐心施爱

投入教师情感是一种从满足体育"学困生"需要出发的措施。由于体育"学困生"所处的"环境恶劣""地位低下"，教师在体育教学过程中对他们稍加关爱，就会使体育"学困生"感到教师的和蔼可亲、可敬、可信，情感上引起共鸣，增强向师性，进而以正常的心态进行体育课的学习。

## 六、针对体育"学困生"的心理健康问题，采取相应的教育措施和方法

有组织、有计划地开展体育"学困生"心理健康问题的研究。我们必须慎重对待体育"学困生"心理健康问题，并加以专门性研究，制定出符合我国国情的指标体系，以便采取有效措施提高体育"学困生"的心理健康水平。

对体育"学困生"来说，采用得当的教育方法，可将其积极情感用教师殷切的期待和依赖的方式使之直接转化成精神力量，成为体育"学困生"积极进取的动力源泉，增强他们的自信心，产生强大的内驱力。

体育教师要善于开启体育"学困生"封闭的心境，努力引导他们自省、自理、自律、自治，使他们感到来自家庭、教师、同学和社会的温暖。激发他们向上的积极情感，引导他们自我教育、自我约束、自我改正，对他们心理的健康成长大有好处，只有这样，才能发挥事半功倍的教育效果。

倾听心声，耐心引导。教师应与体育"学困生"达成协议，如果他们遇到什么困难或什么想法，可以打电话、写信、聊天等方式进行谈心。跟他们谈心时，一定要先认真倾听他们的诉说，然后以热情、诚恳的态度提出学生能够接受的建议，真正做到师生心灵相通，使教师成为学生的知心朋友，才能让体育"学困生""亲其师而信其道"，使其心理状态向积极健康的方向发展。

在转化体育"学困生"的过程中，教师必须和学生保持平等。融洽的师生关系，才能让学生把教师看作是自己人，以缩短师生间的心理距离，使学生乐意接受你的教育，才能打动学生的心灵，促其反省，收到较好的教育效果。

# 第五节　浅谈学生的心理健康教育

当前的中国正处于改革发展的关键时期，在复杂多变、处处充满竞争的社会中，由于每个人的身心承受能力不同，所处的生活环境不同，接触的人群不同，往往会使人们出现焦躁、迷茫、压抑的心理表现。尤其是身心尚未成熟的青少年学生表现出各式各样的心理障碍，心理品质下降严重威胁着青少年学生的健康成长。近年来，中小学生自杀、学生杀老师等触目惊心的案例时有发生。有资料表明，仅广州某辖区中小学生范围内，19.4%的小学生、28.9%的初中生、36.8%的高中生"夜里睡觉总想着明天的功课"；41.5%的初中生、62.7%的高中生"很容易疲劳"，41.7%的高中生"经常想大声喊叫"。相关研究表明，高中生抑郁症状检出率在15.7%—25.3%之间。如果我们忽视了心理健康教育，学校老师和家长及其他方面的教育都是徒劳，学生的心理困扰会使他们失去理智，形成不健全人格，

将来难以自立于社会。因此，在青少年学生中开展心理健康教育很有必要。对青少年学生健康心理培养是一项系统工程，需要学校、家庭、社会的共同努力，通过多种方式对青少年学生进行心理健康教育和指导，帮助他们提高心理素质，培养健全人格，增强他们承受挫折、适应环境的能力。

## 一、开展学生心理健康教育的重要性和必要性

当今世界科技飞速发展，国际竞争日趋激烈，我们要实现中华民族的伟大复兴，就必须努力培养同现代化要求相适应的数亿万计的高素质劳动者和专门人才。而良好的心理素质是人的全面素质中的重要组成部分，是未来人才素质中的一项十分重要的内容。当代青少年学生是跨世纪的一代，他们有许多又是独生子女，随着生理、心理的发育和发展，竞争压力的增大，社会阅历的扩展及思维方式的变化，在学习、生活、人际交往和自我意识等方面可能会遇到或产生各种心理问题。有些问题如不能及时解决，将会使其出现行为障碍或人格缺陷。

因此，在青少年学生中开展心理健康教育具有非常重要的意义。

### （一）是维护社会稳定、学校正常运作，让学生家庭幸福的需要

近年来，社会出现了青少年违法违纪事件增多的趋势。如果从心理角度分析，可以发现多与他们的心理危机状态或不健康状况有关。

### （二）是培养青少年学生健全的人格和良好的个性心理品质的需要

开展心理健康教育，能使学生不断正确认识自我，增强调控自我、承受挫折、适应环境的能力，培养良好的心理素质；并对少数有心理困惑或心理障碍的学生，抓住教育契机，动之以情，晓之以理，给予科学有效心理咨询、辅导和鼓励，使他们尽快摆脱障碍，调节自我，提高心理健康水平，增强发展自我的能力。

### （三）是当前社会变革的需要

近二十多年来，随着社会变革而产生的一些变化或暂时不可避免地滋生的一些因素，对青少年学生心理状态产生消极作用：如离婚率不断提高，家庭气氛温馨减少、家庭管教方式不当；学校频繁的测验考试、学生分数排位；网络的出现、信息渠道的畅通、社会上的不正之风、观念的多元化等，这些方方面面的因素，决定了开展心理健康教育不仅非常重要而且非常迫切。

### （四）是全面素质教育的要求

心理健康教育是整个素质教育的基础，人的心理作为人的整个精神活动基础，对人的影响是极其广泛而又深刻的。它以广泛的内容，深刻地影响和制约着学生各方面素质的发

展，渗透到人的一切活动中，人的言行实际上就是心理活动的不同程度的外在化表现。所以，通过心理健康教育，使学生处于最佳状态，人的各方面素质才可能获得充分发展。

### （五）有利于直接促进学生的心理健康，提高教学质量

通过有效途径维护学生的心理健康，学生心理得到正常发展，心理困惑得到疏导，不良心理与行为得到矫治，学生学习积极性提高，思维活跃，学习上没负担，爱学、会学并富有创造性，个性健全发展，能适应学校、社会的要求，教学质量会显著提高。

## 二、当前青少年学生心理问题的表现及成因分析

### （一）青少年学生的心理问题的主要表现

紧张心理。由于学校教育内容、教育者的教育观念等因素，致使青少年学生长期处于过分紧张的气氛中，频繁的考试、升学的竞争，造成了部分学生心理紧张、恐惧、焦虑和慌乱。

消极心理。由于学校生活的单调、学习内容的枯燥，部分学生感到空虚和孤寂，在日常生活中我行我素，不思进取，甚至用吸烟、酗酒等行为寻求自我刺激，消极地打发时光。现在的学生群体，有许多是独生子女构成的。在优越的生活条件下成长的独生子女，在家庭中有求必应，万般溺爱，从未受过磨难和挫折，一直在家人、亲朋的赞许中长大，逐步形成了自傲偏执心理。这时的家长却没有采取有效的措施，要么听之任之，要么非打即骂，从而形成了其怪癖的性格，使其对人对事的态度变得冷淡、漠不关心,有时近乎"冷酷无情"，对集体活动冷眼旁观，置身事外，给人一种"看破红尘"的感觉。他们个性极强，无论在家里还是在学校，唯我独尊，既看不到别人的长处，又看不到自己的短处，表现出傲慢无礼；他们只愿意听中意的话，不能忍受别人的批评，总是固执己见，更不堪承受自己在学习、生活与交往过程中的失败。这种人容易受到集体的排斥和冷落，人际关系紧张。一旦遇到挫折，往往不能客观地找出自身的问题，总是灰心丧气，一蹶不振，造成厌学、逃学等消极行为，甚至走入歧途。国外心理研究者指出：在现代社会中，不少青年在心理上处于"三无"状态，即：无动于衷，谓之无情；缺乏活力，谓之无力；漠不关心，谓之无心。

逆反心理。青年学生中，有些人经常不接受教育，不听话；经常与教师、家长、同学"顶牛"，事事认为自己"正确"；反对所有人的劝告、批评和帮助。从主观上看，孩子在刚学话、走路，不断接触外界事物中，便有扩大范围的要求。随着他们的发育和成长，他们的自我意识也不断增强，思维的独立性、主动性和批判性也得到发展，加上他们的好奇心和"代沟"障碍，这使孩子常常表现出不喜欢听从父母摆布和安排，甚至用"顶牛"、对着干的方式来表达或发泄他们对家长、老师或外界约束其思想和言行的不满情绪。他们目中无人，狂妄自大，是非观念较差，逆反心理较强，不能把个人的言行纳入学校集体所

要求的正确轨道，或口是心非，或蛮不讲理，或表现出匪气、霸气。少数学生心理封闭，没有可以倾诉的朋友，与家长感情隔膜，与同学缺乏信任，与老师缺乏沟通和理解，所以往往在学校生活中表现出孤僻、偏激、退缩、敏感和神经质，在行为上与老师和家长的要求相悖。从客观原因上看，主要有两个方面：一是在网络高速发展的时代，学生无论在心理上，还是在思想观念上都受到外界的冲击，一些不良思想也在侵蚀他们的心灵，从而助长他们的逆反心理；二是家庭和学校对孩子的要求过高，物极必反，使学生产生逆反心理。

嫉妒心理。所谓嫉妒心理是指他人成就高于自己时产生的一种非常心理，俗称"红眼病"。它具体表现在：对同学学习成绩的嫉妒，对同学各种荣誉的嫉妒，对同学友谊、相貌、衣着等的嫉妒。嫉妒心是一种不良的心理意识和情感，是一种对待他人的成就、名望、优点或优势地位等不友好，甚至是敌视的情感。它产生的基础是个人利己思想和强烈的虚荣心，具有嫉妒心理的人，实质上是纯洁的情感开始堕落，健康的心理受到污染，他们对事对人往往充满着猜疑、怨恨和敌意，容易采取一些不理智的行为，如不及时对他们加以教育纠正，不但危害社会，也毁了他们。

青春期异常心理。处于生理发展的兴旺时期的青少年，很自然地对异性产生好奇心理，甚至对男女性意识发生兴趣，以至产生恋爱行为。当恋爱行为受到家庭、学校、社会及个体自身因素的制约而无法适应或产生矛盾时，就会出现各种不正常、不健康的恋爱心理或行为，这一心理被称为"青春期异常心理"。如果处理不当，或不加以及时引导，将会影响他们的健康成长。

盲目心理。相当一部分青少年学生没有远大的理想，没有明确的学习目的，不能把今天的学习和明天的未来联系起来，更谈不上把自己的前途和祖国和事业联系起来。一切处于受支配的被动状态，在学校生活中缺乏自觉学习的主人翁精神。

## （二）影响学生心理健康的原因

客观原因主要有：

（1）学校教育因素的影响。在教育实施过程中，被教育者深受教育者的影响。无数案例研究分析说明，许多干扰青少年学生心理健康的因素来自学校和教师。首先，学校教育中存在的重智力水平高低、学习成绩优劣，忽视学生全面发展和整体素质等陈旧的教育观念，使部分学生因不能掌握学习规律和方法而成绩欠佳，一时又不能找到改变现状的途径，内心失落、孤独、自卑，造成心理抑郁、焦虑，认为自己处处不如别人、无能等严重心理问题。其次，教育工作者的工作方法、教学方式不当，对学生的心理健康产生严重影响。在当前的学校教育中，潜在一个"无形杀手"，即某些教师不负责任的言行诱使部分学生出现心理问题。当学生需要爱心、理解、尊重时，有的教师反而冷言冷语，挖苦、讽刺，甚至让学生当众出丑，势必使他们难堪，甚至无地自容，更有个别教师对学生进行心理惩罚和心灵虐待，用直接的（如嘲讽、辱骂、体罚等）或间接的（如含沙射影、指桑骂槐）手段给学生心理造成严重的伤害，使学生产生自卑、逃避、反抗或逆反、报复等不良行为，人际关系的不和谐，导致学生猜忌、对立和多疑。再次，学校管理工作中，维护学生心理健康的意识还相当淡薄，一方面缺乏专业教师，骨干力量作用发挥不足；另一方面教师在班级管理和教学工作中自觉运用心理教育理论的意识还不够，以致形成教育空白。

（2）家庭的影响。有的家长文化程度和道德修养较低，自身不完善，对子女的教育引导往往与学校教育产生偏差，且教育方法简单粗暴，或溺爱袒护，或放任自流；期望值过高或过低，反复无常，让孩子无所适从。有的家长将自己青年时期未能实现的梦想理所当然地转嫁到孩子身上，再加上有的家庭父母不和、家庭破裂等。诸如此类，都造成了学生心理负担重，精神压力大，从而导致依赖性强、心理承受能力差、强迫、敌对、孤独等心理障碍。

（3）社会大环境的影响。我国正处于改革开放的关键时期，体制的变革，市场经济的逐步确立，使人们的思想观念发生了很大变化。学校处在社会思想变化的前沿，而青少年学生的思想变化是社会思想变化的代表，面对许多来自社会思想观念、大众传媒和外来文化中不健康内容的冲击，及社会种种不良风气的熏陶影响，对于判断能力较差，处于人格塑造发展时期的青少年学生，他们在心灵上产生的震撼也极为强烈。对于正确的思想观念他们易于接受，但对于错误的东西，由于其社会阅历浅，辨别是非的能力有限，对社会上许多问题尚缺乏理性的思考，也易受不良思想观念的影响。比如社会影视文化中不健康的东西易增加学生在交往中的恐惧心理和不健康的性意识及行为；"应试教育"的误区导致许多学生心理压力大，诸多矛盾解不开。使他们困惑、苦恼，进而缺乏远大理想、拼搏精神和前进动力，导致心理疾病。

主观原因主要有两个方面：

（1）学生自身生理、心理发展不平衡。由于家庭、社会、学校等一些消极因素的影响，许多学生自我控制能力差、思维不够深刻，一旦脱离父母的约束，就表现出在现实生活中手足无措的矛盾。再加上随着生理的发育，性心理反应渐趋强烈，但由于社会阅历浅、对情感问题缺乏正确认识，容易引起强烈的感情震荡，出现情绪低落，心理失调。加之，有的学生还不善于认识问题和分析问题，不善于重建平衡，不善于运用自我功能克服"危机"，所以一旦面临种种压力，就容易出现心理失衡，导致心理障碍的发生。

（2）躯体疾病影响心理健康。常言道：身体是革命的本钱。身体不好，将导致精神不振，直接影响一个人的心理承受能力。一些学生入校后，放松了对身体的锻炼，饮食起居不很规律，导致了一些慢性疾病发生，发病后又不愿意及时诊治，最后直接影响到本人的学习生活，造成精力不集中、精神空虚、烦躁，有的提出休学，有的甚至认为既增加社会负担又增加家庭负担，产生轻生念头。这个问题如果处理不当，就会严重影响学生的心理健康。

## 三、学生心理健康教育的有效策略和措施

《中共中央、国务院关于深化教育体制改革，全面推进素质教育的决定》明确指出："针对新形势下青少年成长的特点，加强学生的心理健康教育，培养学生坚忍不拔的意志、艰苦奋斗的精神，增强青少年适应社会的能力。"把心理健康教育提到了学校教育工作的重要地位。我们必须结合实际，采取有效的措施，大力加强青少年学生的心理健康教育。

### （一）深化教育体制改革，全面实施素质教育

要统一思想，加深对推进素质教育的重要性的认识，扎实开展素质教育的宣传工作，使其家喻户晓，深入人心。要改革教育考核评价体系，建立起符合素质教育对各级政府、教育部门、校长、教师、学生的考核体系。同时，要对现行教材、课程、教学大纲进行改革，对升学考试制度进行改革，实行"三级分流"，大力发展职业教育，拓宽成才和就业渠道。彻底扭转应试教育，全面推进素质教育。

### （二）充分发挥学校心理健康教育的主渠道作用

实施心理健康教育过程中，教师是心理健康教育的主要实施者。他们的理论素养和实践能力，直接影响教育实效。这就要求学校必须做好教师的继续教育工作，以更新教师的教育观念，提高教师心理健康教育理论水平和实践能力。要重视教师的心理健康，要保障教师有一种积极、乐观、平和、稳定、健康的心态，以旺盛的精力、丰富的情感，投入到教育教学工作中去。要提高教师素质，强化师德建设。教师的合作对象是学生，因此教师要有健康积极的个性，包括积极向上的工作动机，正确的自我意识、自我概念、自我尊重、自我满足感、自我信赖感、自我价值感，以及耐心、成熟、平衡、情绪稳定、心理健康等人格特质，这是每一位从事教育教学工作的人员应具备的品质，应遵守的要求；同时，亦要求教师能在社会的人际交往中表现出必要的道德水准，影响他人，在教育过程中能够用自己的良好言行去影响学生。教师要热爱学生、关心学生、尊重学生的人格，特别是对后进生做到不歧视、不讽刺、不放弃，动之以情、晓之以理，要用发展的眼光看待他们，信任他们，激发他们的进步、创新、求学的热情。努力建设一支自身心理健康、掌握专业知识、掌握心理辅导技能和心理训练方法的、高素质的心理健康教育队伍。

利用学校教育课堂主渠道的教育优势，一方面通过教书育人，帮助学生树立正确的人生观、价值观；另一方面，开设专门的心理教育课，介绍一些预防和缓解心理压力的好方法，教会学生自我调节情绪（如情感宣泄法、情感转移法、自我安慰法、心理补偿法等），同时通过各种发生在学生身边的案例，设置教育情境，让学生自己教或互教，使教育在潜移默化中形成。

积极开展有效的心理咨询。学校内设置心理咨询室，由专门的心理咨询教师为学生提

供服务。心理咨询取得良好效果的关键是咨询老师要理解并信任学生，遵循保密、疏导、交友性原则，如此才能达到心理转化的效果，心理咨询教师要有意识地和存在心理问题的同学建立起关心、尊重、了解和指导的关系，并依据问题的需要使用适当的心理治疗方法，减轻或消除学生的不适应的心理现象，做到"防患于未然，治病于萌芽"。开展有效的心理咨询和治疗对预防和矫治中学生的心理疾病有着积极的作用。

改变评价方式。学生的自卑心理大多来自教师对学生的主观评价，一些教师凭主观感情，偏爱成绩好的尖子生，对中层生漠不关心，对后进生全盘否定，出言不逊，这无疑给学生带来极大的心理压力及负面影响，可能使许多学生产生自卑心理，甚至对学生的自尊心、自信心都会产生不良影响，严重影响学生的身心健康。被誉为"德国普通教育之父""德国教师的教师"的19世纪德国资产阶级民主主义教育家第斯多惠曾说过："严厉的面孔和训斥、咒骂学生是一种恶劣的行径"。我们应学习借鉴英国教育的优点，英国教师对学生评价时从不吝啬自己的溢美之词，对学生的赞扬都体现在具体细微中，一点点的进步，都会被他们非常郑重地夸奖一番。我们对待每个学生都应一视同仁，绝对不能挖苦、讽刺学生，应以一颗宽容慈爱之心爱护关心学生。我们很多教师缺乏这种意识，对学生太求全责备，我们应学会赞美，让学生能不断地从中得到鼓励。

## （三）重视校园文化建设，促进学生良好心理品质的形成

校园文化是社会文化在校园活动中的反映和表现，同时，对促进青少年学生的生理和心理健康发展具有良好的调节作用。健康的校园文化活动可以在心理鸿沟之上架起桥梁，有利于学生之间的相互理解和共同进步。如进行学习经验的交流，可以促进校风、学风的建设；举办辩论赛、演讲赛，能够促进认识能力和分析能力的提高；开展文体活动，则能增强学生的集体主义观念等。在这类校园文化活动中，不仅可以增强学生的体质，改善和提高中枢神经系统的功能，神经活动的平衡性、灵活性，提高大脑皮层的分析和综合能力，而且还能发展学生的观察力、记忆力、思维力、想象力、创造力，促进学生良好心理素质的形成和发展。

## （四）开展形式多样的学生心理健康教育实践活动

实践活动是青少年心理发展的基本因素。心理教育的根本宗旨是促进学生心理的良好发展，要实现这一宗旨，就必须充分唤起他们的主体活动意识，让他们积极主动地参与各种各样的实践活动；学生心理要得到健康发展，就必须要通过实践活动，而活动又应是符合学生年龄特点和为学生所喜爱的，所以实践活动既可视为学生心理健康教育的基本要素，又可视为学生心理健康教育的基本策略。实践活动缩短了心理教育与学生之间的距离，在教师的指导下以学生为主体，通过学生自主的活动达到教育的目的，如：组织学生开展讨论、表演、游戏、制作、实验、劳动等活动，寓教育教学于活动中，使学生在不知不觉中受到教育。实践活动能充分满足学生的自我表现欲，增强学生的自信心，让他们在实践中

尽情地表现自我，享受成功的喜悦。同时，活动教学可增强学生的责任感，积极承担为家庭、为社会做贡献的责任。

## （五）提高家长素质和家庭教育的科学性

开展心理健康教育，仅仅依靠学校是不够的，学生的心理问题，学校只能在极其有限的时间和空间进行矫正和引导，因此社会环境和家庭影响也尤为重要。可以说，大部分青少年的心理障碍都与其父母有直接或间接的关系。取得家长的合作，帮助家长发挥他的教育功能，对于改善和预防孩子的心理障碍，帮助孩子成才极为重要。良好的心理素质需要良好的家庭的教育培养，学校要与家庭紧密配合，教师与学生家长要加强沟通，时刻关注学生存在的心理问题，对家长给予适当的指导，对学生给予及时的疏导。如学生应试心理差，教师可引导家长要以平常心态看待考试，家长的唠叨、在意、期望高，都会给孩子造成太大的压力。再如青春期的性教育、人际交往技巧和意志力的培养等都需要发挥家庭教育功能。有些中学生有社交恐惧心理，与人交往的次数少，害怕不被人接纳，或嫉妒别人，或看不惯别人，或男女交往的困惑等，家长应鼓励孩子多交友，在择友上加以指导，培养社交技巧，过多指责、约束孩子反而会使自己的孩子在社交中缺乏自信。父母在孩子成长过程中，应正确引导孩子，加强交流，培养孩子健康的心理。

家庭教育作为大教育系统的组成部分，是影响学生心理健康的重要因素。在家庭教育中，我们必须十分注意，家庭环境和家长的言行，对青少年的心灵具有直接影响作用。目前，一部分家长文化水平不高、涵养不深、语言粗俗，生活中的恶习，严重污染着孩子们的心灵。一部分独生子女的家长溺爱孩子，对孩子唯命是从，一味迁就，养成了"特殊"心理，用过高的物质条件满足孩子的无理要求，使孩子从小养成大手大脚乱花钱的坏习惯，使部分孩子意志薄弱，目光短浅，没有谦让意识和进取精神，严重阻碍了青少年心理的健康发展。由家庭造成孩子出现心理问题的主要表现在：家庭环境不良对孩子人格发展不利；亲子关系紧张造成学生基本心理需要无法满足；家长的错误示范对孩子思想品德素质的影响及父母自身心理健康状况对孩子的消极影响等。因此，学校心理教育要与家庭教育相结合，把家庭教育作为学校心理教育的一个重要组成部分或必要的补充，共同探讨对学生成长和发展最为有利的最佳交互点，密切学校与家庭的联系，防止学生出现两面心理、双重人格。要提高家庭教育的科学性，其关键是要提高家长素质。

学校要加强对家长的指导和帮助。对家长的指导应把重点放在教育观念与教育态度的转变和方式方法的指导上。可以采取以下措施：（1）定期为家长开设专题讲座，让家长懂得青少年的心理发展规律、年龄特点，充分了解培养孩子心理适应能力的意义、目标与途径、方法等，使其主动配合；启发和指导家长优化家庭教育环境，树立良好家长形象，用自己的言传身教，示范榜样教育孩子，以促进青少年沿着健康的道路向前发展。（2）教师与家长及时沟通，互通信息，及时就学生的有关情况在家校间传递；对存在某些发展性问题的学生要重点家访，齐抓共管。一方面耐心引导学生分清是非，全面分析问题，克服片面性；另一方面要引导学生进行反思，用实际行动来完善自我，主动改善同学之间、师生之间和家庭之间的关系，从而创造一种热情和谐的友好气氛，逐步消除彼此间的隔阂。

（3）通过联谊活动创造至爱的环境。利用教育活动课或假期组织家长、学生共同参与的联谊活动，协调家庭教育中的问题。要改变教育方式，并形成一种亲切、同情、互相信赖的朋友间的心理氛围。教师、家长首先要理解学生，不要过分苛求学生，要相信他们，多采用信任的态度，对他们的合理要求适当地给予满足，使他们感到老师和家长是爱护他、尊重他、帮助他，可以逐步消除对立情绪。家长与孩子要形成朋友关系，能够坐下来平等交谈，给孩子创造一个宁静、和平、幸福、安定、温暖的家庭环境，才能为学生心理健康提供保证。

## （六）营造有利于青少年学生健康成长的良好社会环境

社会要为青少年学生提供有利于心理健康的良好社会环境。全社会都应关心青少年学生的心理健康，政府应下决心综合治理社会环境，并常抓不懈。要树正气、治歪风，尽量减少社会环境中的不良因素对青少年学生心理素质培养的消极影响。

心理健康教育是一个复杂、长期的系统工程，也是一个富有挑战性而又不能回避的崭新课题。在新时期下，应构建一个学校、家庭、社会相结合的心理教育网络，才能让青少年健康成长。

学校应设立心理咨询室和心理辅导室，并定期上心理辅导课。通过心理咨询，及时了解学生心理动态，及时取得与家长联系，互相配合；及时调整教育方式和选择教育途径。同时可请一些心理专家来校做心理辅导，心理辅导内容可以包括学习辅导、人格辅导、生活辅导和职业辅导等，以增强学生的心理承受能力。

家长应主动地与学校联系。将子女在家的情况和掌握的心理动态及时反馈给老师，争取学校与家庭互相配合，选择适当的教育方法，帮助学生渡过心理难关，让学生健康成长。

全社会都应重视学生的异常心理，应形成合力、达成共识。纠正学生心理是一项系统工程，需要全社会都来关心、支持。对学生心理和纠正应加大理论研究力度，借鉴先进经验，加速我国家庭、学校心理辅导、纠正成熟化的过程，让心理辅导走进家庭、走进学校、走进社会之中，正确理解认识心理健康教育，树立正确的教育观念，让社会、学校、家庭心理健康教育紧密结合起来，把跨世纪的青少年一代培养成为适应现代化建设要求的高素质的生力军。

# 第六章　大学生心理教育

## 第一节　大学生心理教育杂谈

　　大学是人生学习和教育的一个特殊阶段，进入大学，会碰到许多意想不到的事情，如果不能及时地调整心态，很容易产生各种心理问题；如不能正确解决和引导，将会影响整个大学阶段的学习和生活，甚至影响一个人的一生。因此，必须要对大学生心理问题有充分的认识，分析研究其产生原因并找出适当的解决方法，以促使每个大学生都能健康成长。

　　大学是人生学习和教育的一个特殊阶段，初涉大学生活，总会碰到许多不如意的事情，很多同学会感到手足无措。这时，学生管理工作者如果不能及时介入，帮助他们调整好心态，尽快适应新环境，融入新生活，很容易产生各种心理问题，严重的甚至会对他们的大学阶段的学习和生活产生许多不利影响。因此，作为一个大学的学生工作者，必须对大学生心理健康问题有充分的认识，分析研究其产生原因并找出适当的解决方法，从而使每个大学生都能健康地成长。

### 一、及时解决角色转换和适应障碍问题

　　不同阶段、不同环境，每个人扮演的角色大多是不同的。时间改变了，环境变化了，但并不是每个人都能及时地转换好自己的角色，顺利、快速地融入新生活，这是因为任何适应都需要一个适当的过程，尤其是这些初出茅庐的大一新生。

　　在高中阶段的学习生活中，老师们常常把大学进行美化渲染，很多学生幼稚地认为上大学就不用再那么辛苦了，就可以轻轻松松混日子了。可步入大学生活后，才发现各种考试依旧，压力未解，还多了许多半社会性的竞争。与其以前在中学里感觉大不一样，高中读书时无形中形成优越感与自我膨胀的心理，被眼前的大学学习和生活的现实击得粉碎：自己原来只是一个普通得不能再普通的人！这使得一部分学生一时无法接受现实。这种理想中的大学生活与现实的严重碰撞会使很多学生产生极大的心理落差，严重的甚至会出现心理失衡。

　　如果不能及时调整大学生对新环境的不适应，很容易产生一系列不良心理问题，例如失落、自卑、焦虑、抑郁等，更严重的甚至会因长期不适应而退学。因此，学校必须高度重视对新生入学后的心理调适和疏导工作，选配有责任心且工作经验丰富的辅导员老师，

通过开展各种丰富多彩的活动，让新生尽快认识、熟悉他所面对的新环境和所学专业，逐步适应大学的学习和生活方式，以便顺利地进行角色转换，实现高中到大学的平稳过渡。

## 二、解决交际困难，舒缓心理压力

现在的大学生，已经是00后的天下，他们大多来自独生子女家庭，长期以来一直生活在长辈们的溺爱之中，生活得都很自我，过着衣来伸手、饭来张口的生活，两耳不闻窗外事，一心只顾读书事。这种生活养成了他们虚荣心强烈、缺乏团体意识与合作精神的性格，严重缺乏抗挫折能力，缺乏最起码的独立生活及为人处世的能力，对一些细小问题无法进行冷静处理。对很多大学生来说，大学生活是他们出生以来人生路上的第一次独立地生活，第一次独立面对现实。所以当他们第一次独立面对一个全新的环境和一种全新的生活时，就容易手足无措，心理上极易走向偏激。

交际困难，很容易导致大学生产生自闭偏执等心理问题。这类问题如果不能及时得到排解，会加进一步加重学生的心理压力。针对这一问题，我们必须改变传统的管理模式和方法，做到以学生为中心，融入学生中去，和学生交朋友，把自己变成学生的知心姐姐、暖心大哥，变被动的管理为主动的交流，变刻板枯燥的说教、训导为柔性的心理疏导和行为引导，通过主题班会、团日活动、各种竞赛等逐步培养学生独立生活、独立思考能力以及团队精神，让学生自己逐步从自己的小天地走出来，融入丰富多彩的大学生活。

## 三、就业压力不容忽视

20世纪90年代以来，由于高校连年扩招，大学教育逐步由精英教育转向了大众教育，社会竞争的加剧，就业形势不容乐观，毕业时的就业状况和入学时天之骄子的心理预期差距太大，大学生找工作或找到比较理想的工作越来越困难。这对大学里众多高年级学生造成很大的精神压力，使他们因焦虑、自卑而失去安全感，许多心理问题也随之而产生。

在由精英教育转向大众教育的过程中，我们的就业指导工作没有同步跟上，致使我们的大学生在面对连年的高校扩招和就业前景的不乐观时感到迷茫和不知所措。其实，从表面上看，大学生就业状况不容乐观，但换个角度去思考，只要大学生转变择业就业观念，把眼光从人才云集的大城市、发达地区以及那些知名企业、行政事业单位移出来，看看那些渴求人才的西部地区、民营企业以及广大的基层环节和部门，我们不难发现大学生的就业天地是很广阔的。因此，作为大学中的学生工作者，从实际情况出发，通过各种途径做好大学生的就业指导工作，使大学生转变择业就业观念，认识到那些欠发达地区、众多的民营企业及广大的基层热切地渴望他们的加盟，在那里有他们施展才华的广阔天地。

经济的发展、社会环境的变化，使人的思想观念、人生观、价值观、择业观等都发生了很大变化，尤其是身处人生发展特殊阶段的大学生，受这种变化冲击最大。理想与现实的严重碰撞，使得这个群体脆弱的心理产生这样那样的问题，如果这些问题解决不好，将会影响他们的一生，进而对社会的发展产生不良影响。因此作为大学的教育工作者，我们必须认识到学生的健康发展是全方位的，在强调学习的同时，时刻关注学生的心理健康问题，并找原因、想办法来帮助大学生解决心理困惑、排除心理障碍，还大学生一个健康的、积极上进的心态。

## 第二节　高职大学生心理教育个案研究

加强大学生心理健康教育是大学生成长成才的客观需要。以一名高职生个案为例，探讨、论述、分析了大学生产生心理问题的原因，通过重新构造该生的思维，使他们摆脱心理困惑，调适自我，建立自信，积极健康地快乐成长。只要了解学生产生心理问题的原因，采取正确的教育方式和心理辅导，学生面临的心理问题是可以解决的。

### 一、案例简介

A，男生，2017级学生。该男生自称少侠，热爱武侠影视作品，穿着打扮以汉服为主，为人豪爽，行为举止比较冲动，乐于助人。由于A同学怪异的助人行为，以及"路见不平，拔刀相助"的理念常常引起同学们的反感，导致A同学与班级其他同学关系紧张。A同学经常陷于"英雄"与"侠盗"的幻想中，渴望穿越到古代的宋朝，游离在"理想"与"现实"的边缘。对他开展了三次辅导，使A同学澄清了自己主客观相分离的幼稚思维方式，重新构建了主客观相统一的思维方式，合理认识到了"武侠"对于当今社会的弊端、价值和意义，并且使A同学树立了传播"武侠"影视作品和文化的自觉行为习惯。

### 二、案例定性分析

通过与A同学的谈心谈话和周围同学的介绍，发现A同学具有主客观相分离的幼稚思维方式。虽然A同学继承、学习了我国古代传统的"天人合一"的自然观和人性观，但是他以一种非理性的方式在构建一种幻想式的社会公正模式。由于这种非理性的认知方式明显违背当今常识，从而使A同学陷入了人际交往困境。

### 三、问题关键点

要改善A同学的人际交往困境，需要从根本上转变A同学主客观相分离的幼稚认知方式和思维方式，帮助A同学明白理想与现实、历史与未来、主体与客体的区别与联系。

## 四、解决思路

为了有效地改变 A 同学的不良认知方式和思维方式，主要采用了一些心理咨询的方法开展辅导工作，尝试在接纳 A 同学的价值取向的基础上，以价值中立为立场，以主流价值观为导向，引导 A 同学认识自身不合理的认知和思维方式，重新构建主客观相统一的思维方式。具体解决思路为六步策略：（1）有效倾听；（2）积极共情；（3）确定问题；（4）价值澄清；（5）转变认知；（6）改变行为。

## 五、实施办法

对 A 同学的辅导主要围绕六步辅导思路开展具体的转化工作，在具体转化过程中，主要分为四个阶段。

### （一）接纳——"少年"对"侠客"的向往

特殊的"少年"。通过采用"有效倾听"和"积极共情"的技术，在与 A 同学的三次谈心谈话中得知，A 同学从小"留守"农村，父母在外务工。由于爷爷奶奶没能够很好地照顾他的生活起居，导致他童年的个人卫生状况不佳，经常受到同学的欺负和邻居的嘲笑。童年陪伴他的只有一台电视机，他通过观看《侠客行》《雪山飞狐》《三少爷的剑》等影视作品，开始迷恋武侠影视作品。

### （二）理解——"侠客"与"世界"的矛盾

在与 A 同学的谈心谈话过程中，A 同学表示他遭遇了很多困境，这些困境冲击着他的内心，让他怀疑自己，怀疑自己作为一个"侠客"存于这个"世界"的意义。他认为，他在"行侠仗义"，在恪守一个"侠客"的行为规范。他不懂同学们都不理解他的行为，他明明想要帮助他人，却总背负一个"好心办坏事"的骂名。比如，"我寝室的男生 B 和另外一个男生 C 都在追求一个女生，我为了帮助 B，用'侠客'的精神和行动去吓唬另一个男生 C，结果 B 还怪我多管闲事。""在班级里，其他同学都觉得我很怪异，认为我常常穿汉服是'作古不化'，认为我有神经病。"

在辅导过程中，充分利用有效共情技术，赞美和肯定了 A 同学乐于助人的精神，以及他对武侠文化的学习和传播的努力。同时，对他遭遇的种种误解和矛盾表示理解，并采用角色互换技术，让他体验被帮助者的感受，引导他认识自己的"侠客"行为会给他人带来怎样的内心体验。

### （三）澄清——"侠客"到"平民"的回归

为了进一步纠正 A 同学的认知偏差，从童年经历和文化心理学的角度对他的武侠情结进行归因。从童年经历来看，这是一件自强而自负的外衣在作祟。A 同学从小"留守"农村，缺乏强大、温暖的父母之爱，因此当他遭遇来自其他同学或邻居的负面情绪时常常处于"叫天天不灵，叫地地不应"的状态下，进而幻想自己是一位"侠客"，不仅能够保护自己，更能够保护他人，并且能够有独立的能力行走在江湖上。这种违背常识的幼稚思维方式形成的原始的"侠客"高举的"替天行道"在破坏当今民主、法制的社会规范，甚至形成更多的以"替天行道"为幌子的"为非作歹"。

### （四）改变——"学生"对"武侠"的传播

通过对 A 同学开展三次辅导，最终与他形成共识："武侠"作为一种文学、文化形态有它的意义和价值，人们欣赏武侠影视和文学作品要能够分辨主观与客观世界的区别和联系，不能以主观替代客观。后来，A 同学为班级的元旦晚会表演了武侠风格的小品——"侠客行"，同时成功主持主题班会"武侠的前世今生"，获得同学们的好评。

## 六、经验启示

### （一）开展学生工作要善于运用心理咨询方法

对 A 同学的辅导过程中，我规避了说教、说服的辅导方式，而是采用了心理咨询里常见的有效倾听、积极共情等技术来接纳该同学本来的样子。采用角色互换技术引导 A 同学自己意识到主观和现实的矛盾，并让他最大化地意识到自己的追求具有哪些利弊，哪些可以保留、发展，哪些需要改进。通过对他的成功辅导，我体会到心理咨询方法运用在学生工作中的实际效用。

### （二）辅导员要重点关注特殊成长背景的学生

A 同学是一个有着特殊成长背景的学生。家庭支持系统的缺失，使他通过幻想的方式以寻求改变，进而形成一种与主流社会不一致的思维方式和行为习惯。这些特殊的成长背景影响着学生的成长，有可能是积极的，也有可能是消极的。我们要重点关注这些具有特殊成长背景的学生，帮助他们改正不良的思维方式和生活习惯，从而形成良好的认知方式和良好的行为习惯。

### （三）辅导员要根据学生的问题开展相关学习

通过对 A 同学的辅导，我深刻体会到辅导员要掌握的知识面非常广泛，尤其要针对学生的具体问题开展学习。在计划对 A 同学进行辅导时，我并没有多少关于武侠方面的知识，对传统文化的了解也不多，为了更好地了解、帮助 A 同学，我积极查找相关资料，尤其是对武侠影视作品的心理学、文化学的评论知识，这些知识为我拉近和 A 同学的距离创造条件，为成功辅导 A 同学提供了有效的知识背景。

# 第三节　关于网络环境下的大学生心理教育研究

　　心理教育是针对大学生进行心理素养方面的教育，重点在于提高学生的心理素质水平，让学生能够用良好的心态面对学习生活中的各种困难挫折。网络的不断发展，使得社会已经步入了"互联网+"时代，大学生可以从网络上获得各种各样的信息资讯，也容易被不良信息所影响，在心理上出现偏差。所以心理教育需要着眼于网络的发展，对教育模式做出调整，以确保能够消除大学生心理的负面因素，促进其健康发展。

## 一、网络环境下大学生心理教育的不足

### （一）脱离实际

　　脱离实际是当前大学生心理教育存在的最显著的问题，网络的普及使得大学生在互联网上的活动越来越多，心理健康受到网络因素的影响也越来越明显。但是在心理教育当中，基本上还是沿用传统的思想和方法，对大学生进行一些表层化的心理教育活动。这些表层化的心理教育已经被大学生所熟知，并不能发挥出太大的教育作用。此外，心理教学的方式脱离了学生对网络的依赖特征，利用学生没有兴趣的方式展开教育活动，不可避免地导致了学生参与度低下，不能取得可观的教育效果。

### （二）教育面窄

　　大学生心理教育目前着重于心理健康这一方面，即更多集中在心理健康教育这一层面。但是心理教育除了心理健康教育之外，还包含了心理素质教育，而后者才是心理教育的重点所在。大学生本身在思想道德和心理水平方面已经达到了较高的层次，具备了一定的辨别能力，可以在学习生活中分辨出哪些好，哪些不好。但仍有学生被不好的因素吸引，其根本原因在于心理素质不过硬，而并非心理不健康。所以，大学生心理教育需要从健康教育转为素质教育。

### （三）脱离学科

　　心理教育虽然主要是针对学生的心理素养进行教育，但是在教育过程中也不能忽视学生的专业学科，只有将二者融合起来，才能为学生构建一个整体性的教学框架。目前大学生心理教育基本上是独立展开，依托心理咨询室和心理辅导老师进行，和专业学科教学基本上没有产生联系。结果使得心理教育较为薄弱，容易遭受外界因素的影响冲击，也会让学生对其认识产生误差，形成不重视的心态，不利于心理教育的开展。

## 二、大学生心理教育未达预期的原因

根据前文阐述的三点不足,已知心理教育并没有达到预期的效果,学生的心理状况还是处在不容乐观的状态。相关媒体的统计资料显示,在 2010 年到 2015 年的 5 年时间内,我国大学生自杀数量相较前一个 5 年上升了接近三成,大学生校园暴力事件也明显增加。这些现象均说明大学生心理素质还不够高。导致这一问题的原因在于四点,一是心理教育未对网络进行充分利用,缺乏对网络资源的开发利用,导致心理教育水平不高。二是心理教育在大学中并未得到足够重视,不论是学院还是学校,对于心理教育大多处于一种忽视的状态中,其更加关注专业学科的教学。三是心理教育工作者自身不够重视,工作思想上较为被动,缺乏主动做好心理教育的观念,往往是上级下达了任务之后才展开相关工作。四是心理教育难以得到各方的支持,导致心理教育工作者在开展教育活动的过程中容易遭到一些限制和阻碍,不能实现心理教育的彻底落实。

## 三、网络环境下大学生心理教育的策略方法

### (一)利用网络提高心理教育针对性

网络是一种非常便利的教学工具,可以从中获得很多需要的资源。在心理教育中,就可以使用网络来加强教育的针对性,使心理教育贴合学生需求,获得学生支持。首先,可以从网络上查找关于大学生心理素质的文献资料,通过这些资料文献,可以由彼及此分析本校大学生的心理素质状况,为心理教育铺垫基础。其次,根据学生依赖网络的特征,可以实现网络化的心理教育,例如可以建立心理教育微信公众号,并建立心理教育讨论群组,由此营造一个基于网络的私密空间,实现一对多或一对一的心理教育辅导,落实心理教育活动。

### (二)利用网络拓宽心理教育覆盖面

心理教育面窄的问题,也可以通过网络手段实现有效解决。一方面,可以通过网络实现心理教育资源范围的拓宽。互联网上各类资源丰富,教师可以从网络上收集一些比较新颖的资料作为心理教育的素材;也可以根据教育内容,从网络上收集对应的素材,这样就大大扩宽了心理教育的资源覆盖面。另一方面,可以利用网络实现心理教育学生覆盖的扩大。比如可以利用微信公众号作推广,吸引更多学生关注心理教育;可以建立专门的心理教育网站,作为心理教育的网络立足点;可以开设心理教育微博,发布一些关于心理素质的信息对学生进行引导。如此,不断扩大的覆盖范围将会让更多的大学生接受心理教育,促进教育效果的提升。

## （三）利用网络实现心理教育和专业教育的结合

心理教育不能脱离学生专业而单独存在，这样达不到较好的效果。所以，可以借助网络实现心理教育和专业教育的结合。首先，可以在校园网上建立院系网页和心理教育网页的连接，共同开辟一块学科专业心理教育的专栏，实现二者在形式上的结合。其次，在学科专业教学中，教师也应当适当渗透心理教育。比如在学生学习中，可以设置一些超出学生水平的问题，让学生遭遇挫折，由此磨炼学生的挫折意识，增强心理素质。最后，心理教育工作者要和专业学科教师加强交流沟通，就学生的心理状态变化及时交换信息，并且就教育手段进行协商，确保能够推动学生心理建设发展。

大学生心理教育目前还是存在不少问题，尤其是在网络环境下更显突出。对此，需要对网络进行合理利用，提高心理教育针对性、扩大心理教育覆盖面以及实现与专业学科教学的结合，还促进心理教育水平的提高。

# 第四节 自媒体背景下大学生心理教育探究

自媒体作为个体传播为主的时尚媒介，以其特有的"自传性"特质备受世人宠爱，在日常学习生活的作用日益彰显，扮演着信息传播与人际交流的重要角色。同样，大学生作为时代的宠儿，处于年龄与心理接受能力的阶段优势，自媒体在高等院校更是广为流传。但由于自媒体传播"规范性"与"严谨性"的缺陷，难免会导致一些信息传播乱象频现。因此，如何规范自媒体背景下大学生心理教育已成了当务之急。

## 一、自媒体背景下大学生心理阴影的纠结思考

自媒体信息"肆意性"与认知承受"困惑性"的纠结。由于自媒体特有的互动性所致，人们身在其中，同时兼负信息传播与信息接收双重角色，面对铺天盖地而来的信息冲击，不少大学生缺乏理性的思考与正确的判断，多被其新奇、立异的特性吸引，显得摇摆不定，天长日久便易深陷心理困惑的纠结之中。其应该知道我们获取知识的方式与途径，不仅限于阅读他人材料与洞悉他人见解，而重在实践出真知。自媒体"天马行空"而来的信息，缺乏实践的真正检验，客观造成知识个体的适应性较差，不能产生生活学习的应有指导作用，更大程度上是对大学生实践能力的相对弱化。

自媒体导向"过渡性"与现实交流"异化性"的尴尬。大学生相对独立性较强，换句话讲，越来越多的大学生是在享受不受外界牵制的独立性变量。除非情非得已，很多大学生沟通与联系方式莫过于各种新媒介的选择，正常的人际交往已渐行渐远，导致日常交流能力逐渐变得脆弱。尤其对自媒体过度的依赖，客观导致大学生性格内向，自信心缺乏，将虚拟世界的情绪带到学习生活现实中，厌倦生活，冷漠情感，导致性格上的自我异化。

信息时代乃时代大势所趋，但绝非"P2PC"式人机交流能单一实现的，社会生活离不开人与人的日常交流，信息时代终究要通过"P2P"式人际交流得以呈现。因此说自媒体"病态文化"实际是对人际沟通的能力削弱。

自媒体传播"冲击性"与价值观念"严谨性"的碰撞。自媒体对大学生"严谨性"的价值观念形成了无形冲击，尽管大学生已起步踏入社会，已经初具自我决断的一定能力，但其心智与价值观念并未成熟，对事物的认识仍停留于初期学习阶段，对一些信息尚不能做出正确的认识与处置。鉴于这样一群好奇心强、自我约束能力弱的学生，置身"五光十色"的信息网络世界中，受拜金、色情与暴力等不良情景诱惑在所难免，若不及时积极纠正引导，长此以往将滋长一些不良情绪，如对现实的淡漠，崇尚刺激与享乐，追求金钱与权利等。无形中是对大学生价值观很大程度的扭曲，不仅对其学业造成不良影响，还会导致社会责任的弱化与歪曲，理应敲醒警钟。

## 二、自媒体背景下大学生心理教育的策略探究

新媒体时代作为一把"双刃剑"，给大学生心理造成阴影的一面着实令人痛心，而如何做出自媒体背景下大学生心理教育应对策略，则是我们"磨砺"探究的另一面。

### （一）以思政教育，"形象兼备"网络体系

心理学有研究表明，在认识特定事物过程中，人们仅凭听觉可完成事物认识的一成，仅凭视觉可完成事物认识的两成，而听视并用可完成事物认识的七成。由此可以看出，集文字、音频、视频等思想政治教育网络多媒体化，形象兼备的育人形式才是增强学生教育吸引力与感染力的魅力所在。运用网络媒介占领我们的育人阵地，实时结合政治教育的热点与学生的思想特点，精心创设主流"正能量"板块，以健康的正确舆论为导向，以积极的文化信息宣传为渠道，集开发思想性与艺术性、知识性与趣味性于一身的培育内容，让大学生在喜闻乐见中长见识、增抗体，不断增强学生思想的免疫力，引导、培养大学生正确的人生观与价值观。既坚持正确的舆论导向，又彰显海纳百川的时代进取精神，确保先进的文化在先进的文化网络当中发扬光大。

### （二）以校园文化，"并驾齐驱"媒体传播

高等院校可通过健康向上的文化活动，进一步开阔大学生知识视野，增强大学生实践能力的锻炼。同时，校园文化活动又将大学生从自媒体的过度沉迷中解救出来，品位现实的充实美好，缓解紧张、单调学习生活所引发的心理压力，让他们以饱满的精神状态投身学习，走进生活。尤其校园文化活动的周密组织，可让大学生走出"宅"中的迷茫，接触到身边更多的现实中人与事，对彼此协调与沟通无形中做出有益的锻炼，为健康成熟地踏入社会打好了基础。

## （三）以网络评价，"兼收并蓄"心理教育

我们要注重处理好与传统型心理教育的关系。对于大学生心理问题，网络为解决问题的一条捷径。有了它，心理咨询面对面的尴尬已不再是问题，在网络平台中，学生可以大胆地袒露心声，更有利于大学生心理问题的及时排解与根除。同时，以网络评价体系，可以辅助完成心理教育生动性的课件与讲座，是传统心理教育的一项重要的补充，具备兼收并蓄的组合功能，与传统心理教育相辅相成，相得益彰。

# 第七章 大学生心理健康教育

## 第一节 大学生心理健康教育创新与实践

21世纪是知识经济的时代,全球经济一体化不断加强,为迎合经济的快速发展,培养适合经济发展的建设性人才,教育任重道远。在现阶段而言,教育的意义不仅止于知识文化技能的传授,还有健康的生理和心理。在现代化进程中,心理健康是大学生身心健康发展所不能或缺的条件和重要环节,本节在通过对当下大学生心理健康问题出现的原因、现状等的分析,旨在使大学生的心理健康能够得到良好的发展,并在大学生心理健康问题上提出了创新性的思考。

### 一、我国当代大学生的心理健康问题出现的原因分析

环境改变带来的不适感。国民教育体制下的大学生,大都经历过严酷的初高中学习模式,而大学的教学理念与中学完全不同,突然从曾经近乎严苛的教学模式中转换为大学这样一个相对宽松更需要自制力的环境中,很多大学生很难适应。在新的学习环境、新的人际关系、新的教学模式中很多大学新生不适应,从而产生困惑,继而造成心理失调现象。

现实与期待的落差。我们在中小学教育中,过多地粉饰大学校园学习和生活,加上社会环境中过分强调升学的功利主义思想,使部分学生不真实地幻想了大学生活。但是,当他们真实踏入大学校园,而现实中的大学校园与大学生心目中的大学校园并不相同,进而产生了相应的心理落差。当考试和学分以及学术研究降临到自己头上时,会顿时感到无所适从,找不到方向和目标,导致心理焦虑彷徨。

高校日益严重的就业压力。随着国家经济政治的发展,教育也在随着时代而发展,社会竞争日益加剧。同时随着高校的扩招,毕业生面临着就业难的问题。整个社会就业市场很不景气,各高校学生中"毕业即失业"的言论广为流传。这样的一个就业环境和现状,也使不少大学新生一入学就自觉不自觉地考虑到毕业后的就业问题。他们在这样的一个大环境中失落、焦虑、抑郁、自卑等原因而失去安全感,产生许多心理问题和心理疾病。

当代大学生对网络的过分依赖。21世纪网络大发展时代,虽然网络丰富和改善了人们的生活模式,但是网络世界对青少年的影响巨大。当代很多大学生对网络的依赖性强,有些甚至染上网瘾,沉溺于虚拟世界寻找快感,导致部分学生逐渐与现实生活产生隔阂,

不愿与人面对面交往。在日常生活和学习中精神恍惚疲惫，目光呆滞，对身旁事漠不关心显得冷淡无法沟通。更有甚者网络引发的心理疾病还可能诱发青少年走向犯罪道路，危害整个社会的安定。

## 二、大学生心理健康教育的现状

教育不平衡对其心理健康的影响。从实际情况来看，教育不平衡在心理健康教育领域也有表现，部分偏远地区高校，或者办学条件相对较弱的高校对于学生的心理健康教育问题重视程度仍然不够。部分高校将心理健康教育工作的重心仅仅放在了向大学生开放的心理咨询与交流上，只是对于已经出现心理健康问题的学生进行帮扶，而并不重视对于大学生心理健康的教育与心理问题的预防。

高校心理健康教育发展成效不高。就目前而言，高校心理健康教育没有新意，收效甚微，因此频频爆出高校心理健康问题而造成学生生病、自残甚至轻生的新闻。而每当新闻爆出，高校被推倒舆论的风口浪尖，高校才真正开始关注或者下大力气改善心理健康教育。当前，从很多渠道的消息和表现中，我们发现发达国家或是地区都对大学生的心理健康教育问题是非常重视的，也取得了行之有效的一些经验。与之相比，我国的高校心理健康工作才刚刚起步，经验缺乏，还需要不断地学习摸索。

## 三、对大学生心理健康教育的几点想法

完善学生心理档案的管理。大一新生入学之后，学校组织专业的人员，开展全面的心理健康调查。建立完备的学生档案系统，对学生所处的初高中环境，家庭环境进行了解，以便及时了解学生心理问题产生的根本原因。这项工作量大，需要投入一定的人力物力来支持。

心理素质教育内容需贯穿到日常教学之中。时代在变革，而我们的教学也应该随着时代的变化而变化，教育教学改革也该深入到高校传统教育的课堂里。我们的高校课程在设置之初，就应该强调学生的心理和思想教育问题，并开设专业课程。教师不仅仅局限在授业，还应该是传道，解决学生们在人生道路上的疑惑。当然这一点对于我们的教师本身也是一个很重要的考验，教师本身是否阳光积极，也可能影响到学生是否阳光积极的生活学习态度。

重视朋辈心理辅导，重视交流和沟通的重要性。朋辈从广义上讲可以是学生信任的老师、同学、家长等人；狭义而言，是在大学里，朋辈心理辅导是经过一系列培训的非专业人员对同龄人关注、倾听和帮助的过程。承担这项工作的人员，我们即可称为朋辈辅导员或称心理委员，在经过比较专业的一些培训和学习之后，旨在让他们在自己的经验和能力范围内，像老师和朋友一样帮助新生更好地处理学习、生活中遇到的困扰。

朋辈辅导员（或称心理委员）通过与学生的接触，可以多关注以下类型学生，如：生

活自理能力较差的学生、自控能力较差或者懒惰的学生、人际交往过程中比较内向不善言辞的学生、拘束缺乏安全感的学生等，对这些学生，根据他们不同的情况给予帮助，做到事无巨细亲力亲为。还有对以上各类型的学生，针对他们的情况来组织学校的各项活动，鼓励他们积极参与到各项活动中去，树立信心、创建新的社交关系、展现自我，更快地融入新的校园生活中来，真正在校园中感受到集体的力量和归属感。应该说，我们的朋辈辅导员是大学心理健康教育中的先锋官，利用好他们和学生关系很近的优势，能更好地发现和解决学生心理问题引发的各种问题。各高校都应在这个部分投入人力物力，以确实保障大学生心理问题的基层工作顺利开展。

加强校园文化建设，开展有特色有吸引力的校园活动。校园文化建设，对整个校园建设来说是重要的一个环节。大学生在进入大学校园之后，很有可能会通过网络或者其他方面去排遣自己迷茫或者孤独，校园活动就要抓住这个环节，积极地深入学生之中，了解多样化的需求，而不要把校园活动仅仅局限在一些单纯的才艺的展示。校园活动要有特色，要与时俱进，要契合学生们现阶段的情感寄托，这就需要我们在开展校园文化活动的过程当中，积极采纳学生的意见。当然也需要学校在这个方面多下功夫，投入一定的人力物力。

社会实践活动要积极鼓励。大学生产生心理问题的主要原因，除了学习和自身的原因外，影响最大的应该就是就业问题。学校要大力地为学生创造社会实践的条件，让学生不仅是文化上的强手，还是社会实践的强手。即便他们毕业后，也会因为在校时参加的社会实践活动而受益，这也是我们高校教学改革的一个重要方面。

综上所述，大学生的教育问题关系到我国未来的发展，只有解决好大学生的心理健康问题才能培养出更多的优秀人才，实现我国经济的可持续发展。健康的大学生是未来社会发展对人才的需要，是大学生个人成长阶段的需要，小的方面关系到大学生的就业问题、情感问题，大的来说又何尝不是一个健康中国的未来呢？当前，中国正处于社会快速转型时期，人们的生活节奏不断加快，竞争压力不断加剧，社会各个领域的竞争日益激烈。当代大学生在学习生活、人际交往、爱情婚恋、职业就业、社会适应等诸多方面面临越来越多的挑战，由此而导致的心理问题现象频繁发生。面对如此严峻的问题，加强大学生心理健康教育的创新实践显得尤为重要。并结合新时期我国大学生的心理特点，回应大学生的心理诉求，在中国本土化心理发展理念的指引下，运用具有中国传统特色的"四养—养身、养心、养性、养德"思想，探寻大学生心理健康教育创新实践的有效路径，对推动大学生心理健康教育具有重要意义。

## 四、大学生心理健康教育模式创新的必要性

### （一）大学生心理健康教育模式创新是社会发展的必然要求

当前，我国经济社会正处于快速转型期，随着人们生活节奏的加快，社会竞争压力越

来越强，心理健康问题及其引发的社会问题得到前所未有的关注。习近平总书记在2016年全国卫生与健康大会上强调要加大心理健康问题基础性研究，做好心理健康知识和心理疾病科普工作，规范发展心理治疗、心理咨询等心理健康服务。2016年12月30日，国家卫生计生委、中宣部、中央综治办、民政部等22个部门共同印发《关于加强心理健康服务的指导意见》（国卫疾控发〔2016〕77号）（以下简称《意见》）。《意见》作为"健康中国2030"规划纲要的重要文件之一，是我国首个加强心理健康服务的宏观指导性意见，对推动全社会心理健康发展具有重要意义。大学生作为这个社会中的一个最重要群体，作为社会主义建设的接班人，实现伟大中国梦的缔造者，他们的心理健康教育问题就显得尤为重要，所以说大学生心理健康教育模式创新是社会发展的必然要求。

### （二）大学生心理健康教育模式创新是高等教育发展的必然要求

高校肩负着人才培养、科学研究、社会服务、文化传承创新、国际交流合作的重要使命。加强大学生心理健康教育，是全面深化高等教育改革、推进素质教育、培养高素质的社会主义建设者和接班人的迫切要求。培养知识全面、技能过硬、身心健康、品德优良的合格大学生，是当代高校的历史使命。加强大学生心理健康教育，创新大学生心理健康教育模式，普及心理健康知识，提高大学生的情绪调节能力、社会适应能力和承受挫折能力，培养大学生良好的个性心理品质，是时代发展的需要，更是现代化高等教育的需要。

### （三）大学生心理健康教育模式创新是大学生思想政治教育的必然要求

加强和改进大学生心理健康教育是新形势下促进大学生健康成长、培养高素质合格人才的重要途径，是加强和改进新形势下大学生思想政治教育的重要任务。2017年2月27日，中共中央、国务院印发了《关于加强和改进新形势下高校思想政治工作的意见》（以下简称《意见》）。《意见》明确了心理健康教育在高校思想政治教育中的重要作用，并要求新时期开展思想政治教育工作要从解决学生的实际问题入手，帮助大学生解决心理困惑，积极探讨心理健康教育与思想政治教育之间的关系，加强心理健康教育与大学生思想政治教育的结合，心理健康是思想政治教育是否有成效的基础，大学生心理健康教育模式创新是大学生思想政治教育的必然要求。

### （四）大学生心理健康教育模式创新是大学生成长成才的必然要求

大学生正处于人生发展的重要时期，在社会转型时期，随着经济社会的发展，当代中国大学生面临的各种环境日益纷繁复杂，他们大多为独生子女，承载着社会和家庭的望值，家庭和社会都赋予了他们重要的责任。他们成长成才的欲望强烈，但心理发展并不太成熟，在成长成才过程中面临的学习、交往、就业和情感等方面的压力越来越大，面对压力产生的困难和矛盾、困扰和冲突不可避免地会形成这样或那样的心理问题。如何帮助大学生解决面临的困扰，正确认识自己，通过创新心理健康教育模式，帮助大学生形成良好的人格，培养健康的个性品质和较好的心理素质，顺利地成长成才是大学生心理健康教育的主要任务之一。

## 五、大学生心理健康教育模式创新的思想引领

转变高校开展大学生心理健康教育的理念，大学生心理健康教育理念是教育者对心理健康教育的根本态度和认识，具有导向性和前瞻性。高校教育工作者在开展大学生心理健康教育工作中秉持着何种心理健康教育理念，直接决定着其教育方式和教育手段，影响并制约着其心理健康教育的效果。

高校在开展大学生心理健康教育工作中要坚持"以生为本，全面素质提升，自我成长"的根本理念。从学生的实际需求出发，尊重学生人格，贴近学生心理。高校开展心理健康教育工作不仅仅是发现问题学生，关注问题学生，也不能把预防学生心理疾病作为主要任务，而是要面向全体学生开展心理健康教育，以全体学生心理素质和心理健康水平的提高为教育目标，帮助学生全面了解自己，接纳自己，发现自己的潜能，增强应对困难和挫折的能力，提高大学生的心理素质和自愈水平，塑造健全人格，从而促进大学生健康成长。回归"自我教育、自我成长"的心理健康教育本源，发挥学生的主观能动性，让学生主动发现自己的不足，主动解决自己的问题，主动发掘自己的潜能，同时为学生创造朋辈互助的良好氛围。

弥补目前高校心理健康教育的不足，我国大学生心理健康教育起步于20世纪80年代，经过30多年的发展，大学生心理健康教育的重要性逐步被认识、被重视。目前，在教育部门和各高校的重视下，大部分高校都建立了专门的心理健康教育机构，配备有专兼职的心理咨询师，开设了大学生心理健康教育专门课程，开展心理测试工作，为需要帮助的学生提供心理咨询服务，建立三级危机预防体系，开展不同形式的心理活动等。总结目前高校在开展心理健康教育的已有经验，我们能清醒地认识到很多不足。一是心理健康教育理念和教育对象的偏差。目前高校开展心理健康教育的理念是发现有心理问题的学生，为问题学生开展心理咨询服务，预防危机事件发生。在教育对象上，主要关注的是特殊学生群体或者已经发现有心理问题的学生，障碍性咨询服务做得多，发展性咨询服务做得少。二是心理健康教育方式上的偏差。高校在开展大学生心理健康教育过程中，没有从学生的实际需求出发，没有根据不同对象开展不同形式的心理健康教育活动，活动方案设计主要由心理中心的老师完成。三是心理健康教育课授课方式单一。高校传统心理健康教育课更多关注的是心理学知识传授，而非学生的心理健康体验，对学生情感体验重视不够，教学效果不够理想。四是教育手段不能适应时代特征。大部分高校的心理健康教育手段停留在传统的预约咨询、听讲座、上课等，传统的方式已不能适应"互联网"时代下新生代。五是缺乏本土化的心理健康教育模式。目前，高校心理健康教育模式受西方心理学的影响较重，

所用的心理咨询方式、开展的心理活动大多是西方心理学的方法,缺乏适合我国国情的心理健康教育模式。

回应大学生的心理诉求,对 2090 名大学三年级学生调查显示:97% 的学生认为心理健康非常重要;83% 的学生认为需要了解或者学习一些心理学的相关知识;75% 的学生认为自己的心理素质需要提升;11% 的学生认为自己需要接受专业心理咨询帮助;82% 的学生不了解学校开展了哪些心理健康活动;68% 的学生认为心理健康教育课不接地气。在问及希望学校开展哪些心理健康教育活动时,答案主要集中在:心理素质训练、学习生活指导、应对压力的技巧、人际交往技巧、恋爱技巧、情绪宣泄技巧、抗挫折能力培养等等;在问及开展心理健康教育的方式和手段上的回答中,主要集中在:能根据自己的需求自主选择,不强制、互联网化,方便快捷、有针对性,选择面广。

从以上的调查中发现,大学生在社会转型、社会适应、个人成长成才的过程中,面对来自社会、家庭、学习、生活、适应、交往、职业、婚恋等多方面的压力和困扰,他们大都有提升自己心理素质的诉求,只是,高校目前为他们所提供的帮助和服务不能很好地回应他们的诉求。所以,创新大学生心理健康教育模式,应该从学生的实际需求出发,调动大学生的积极性,充分发挥大学生的主体作用,积极回应学生诉求,找到行之有效的教育路径。

培育大学生心理健康教育本土化思想,每个国家都有自己的特有文化,每个国家的文化又深深的影响每个人的心理发生、发展及变化的规律。植根于中国文化土壤的心理学,符合中国大学生的哲学思想和行为习惯,对从事大学生心理健康教育工作者而言,要深入挖掘中国传统文化里蕴含的丰富心理健康教育理论和实践,根据当代大学生存在的心理与行为特征,理解其产生的社会文化背景,并找出大学生行为的真正意义,解释大学生心理与行为的模式,在具有中国本土特色本土化心理学的指导下创新大学生心理健康教育模式。

中国传统文化中早就提出了修身养性与保持心理平衡的道理,中国传统文化的集大成者孔子提出:"所谓修身养性在正其心者,身有忿愧,则不得其正。有所恐惧,则不得其正。有所好乐,则不得其正。有所忧患,则不得其正。"他最早注意到修身养性与人的心理健康存在着密切关系。中医学传统的观点认为:"怒伤肝、思伤脾、喜伤心、悲伤肺、恐伤肾"。它告诉我们人的心理活动与人的生理功能之间存在着内在的必然联系,良好的情绪状态可以使人的生理功能处于最佳状态。

那么,应该如何发掘和运用本土化的心理学思想,创造符合中国国情和文化的大学生心理健康教育模式?

## 六、大学生心理健康教育模式创新的有效路径

### （一）"四养"模式的提出

在本土化大学生心理健康教育模式的研究中，我们找到了传统文化中的"四养"，即：养身、养心、养性、养德。"养身"是指人们通过顺应自然，起居有度，适量运动把自己的身体调养到最佳状态，不断保持和增强体质；"养心"是指人们通过调控心理、稳定情绪、涵养心态，形成良好的自我意识和认知，面对人生际遇，能妥善处理，达到一种世事洞明、心态平和的状态；"养性"是指借助修养情性，养成良好的个性，形成良好的生活习惯，培养人们的精神境界，以促进健康长寿，强调修养身心，涵养天性。"养德"是指人们通过培养高尚的道德情操，追求高尚的思想境界，以仁爱至善为本，乐于奉献，互敬互爱，从而提升道德品质、净化心灵，进一步达到提升健康状态的目的。

"养身、养心、养性、养德"四者之间是一个良性的互动过程。养身是养心、养性、养德的基础内容和首要步骤，为养心、养性、养德提供了重要的物质条件；养心、养性是核心，为养身、养德提供了思想基础，指明了养身、养德的方向；养德是最高境界，为养身、养心养性提供了伦理保障和人生意义。养身、养心、养性、养德四者是一个层层递进的过程，又是辩证统一的关系，四者之间互相影响。

通过对"四养"的研究分析发现，"四养"的核心思想与大学生心理健康教育的理念是不谋而合的，"四养"模式符合中国传统文化，具有较强的本土化思想，符合大学生的心理诉求和大学生的成长规律。

### （二）"四养"模式指引下的心理健康教育路径

"养身"是指人们通过顺应自然，起居有度和适量运动把自己的身体调养到最佳状态，不断保持和增强体质。身体健康是心理健康的基础，在心理健康教育的方式上，要不断倡导学生走出宿舍，亲近自然，养成良好的作息习惯，每天坚持适量运动。具体做法包括：组建各种运动小组（慢跑小组、快走小组、太极小组、八段锦小组、球类小组、广场舞小组等），由学校专门培训后的朋辈心理咨询员带领，按照中医养生节气，定时、定点集体活动，对每天的活动进行记录，坚持完成任务的给予相应的奖励。同时，积极倡导各学院、各班级、各宿舍根据实际情况，设计适量运动方案，已达到共同"养身"的目的。

"养心"是指人们通过调控心理、稳定情绪、涵养心态，形成良好的自我意识和认知，面对人生际遇，能妥善处理，达到一种世事洞明、心态平和的状态。在"养心"路径上分成两个层次，第一个层次是对已经出现心理问题学生的"养心"方案，在这个方案中要精准识别问题学生，建立帮扶体系，发挥专业心理咨询师的作用，帮助学生"养心"；第二个层次是对全体学生的"养心"方案，对全体学生进行问卷调查和心理健康水平测试，从

学生的实际需求出发，设计不同的"养心"方案。如：心理素质拓展训练、各种团体心理成长小组、不同类型的心理讲座、形式多样的心理健康教育课程、贴近学生实际的心理活动等等。让学生学会认识自己、接纳自己、调控心理、提升心理素质。

"养性"是指借助修养情性，养成良好的个性，形成良好的生活习惯，培养人们的精神境界，以促进健康长寿，强调修养身心，涵养天性。在"养性"的路径上，我们根据学生的特点和需求，要求他们主动参与社团活动，主动担任学校、学院、班级的干部，主动参与学校举办的各种文体活动，主动参与宿舍管理和宿舍聚会，主动检讨自己的过错，主动与人交往，以培养自己的良好个性。学生对自己所做的每件事进行自我记录和评分，评分可作为辅导员对学生学年综合考评的参考。

"养德"是指人们通过培养高尚的道德情操，追求高尚的思想境界，以仁爱至善为本，乐于奉献，互敬互爱，从而提升道德品质、净化心灵，进一步提升健康状态的目的。在"养德"路径上主要引导学生坚定理想信念，贯彻落实社会主义核心价值观，从小事做起，养成良好的品德，在具体路径上应该引导学生主动关心帮助身边的同学，尤其是主动关心帮助宿舍同学，主动参与志愿服务工作；在人际交往中谦虚忍让，在思想意识中追求真善美。通过"养德"来净化心灵，获得更多幸福感，促进心理健康。

## （三）"四养"路径之间的协同关系

"四养"路径是一个良性的互动过程，也是辩证统一关系，可以协同实施也可以分项实施。通过"养身"路径的实施，学生的身体得到锻炼和调养，为"养心、养性、养德"打下良好的基础；通过"养心"路径的实施，学生的心理素质得到提高，学会了调控心理，稳定情绪，为学生提供了良好的思想基础，对"养性、养德"具有良好的促进作用；通过"养性"路径的实施，学生形成了良好的个性，为"养心、养德"提供了保障；通过"养德"路径的实施，学生坚定了理想信念，养成了良好的品德，有助于学生"养身、养心、养性"。在具体路径的实施过程中，也可以根据学生目前的状态和需求分项实施，分项促进。另外，"四养"路径的实施还受到很多外在因素的影响，所以学校各部门都要努力为学生营造良好的心理氛围。

## （四）"四养"路径的有效载体

为落实"四养"路径的实施方案，倡导学生主动自我发展，主动调节身心，主动参与社会活动，主动融入宿舍文化。设计并实施了"心理银行"自我成长计划载体，"心理银行"自我成长载体设计了：运动休闲、自我发展、社会活动、文化娱乐、宿舍文化五个一级指标，二十五个二级指标，并设立了相应的收益值。要求学生根据自己本周的实际情况如实填写收益值并注明支撑该收益值的具体内容，"心理银行"每周收益表由本人自己填写，每月由班级心理委员确认，学生所填写的收益值将作为辅导员综合测评分的一个重要参考值，期末结束时，学校还将根据个人分值总和及五项的均衡性，评选班级"心理健康之星",并给予相应的奖励。

另一个有效载体是朋辈心理服务和互联网,经过选拔培养的朋辈心理咨询员能有效推动"心理银行"自我成长计划的实施。同时,根据新时期学生的心理特点,"四养"路径的实施过程还依托互联网,形成了心理健康教育一站式服务管家,学生可以通过手机端直接参与"四养"路径的实施过程,成效显著。

## 七、"四养"模式开展心理健康教育的协同机制

运用"四养"模式开展心理健康教育,需要学校自上而下形成共识,齐抓共管,并建立学校心理健康教育指导中心、学院心理辅导站、朋辈心理咨询员、班级心理委员、宿舍心理信息员五级心理健康教育网络,发挥每个网络的优势,协同配合;在推动"心理银行"自我成长计划的实施过程中,学生工作、教务、团委等部门要通力合作,为"四养"模式的实施创造良好的环境。

# 第二节 家校合作构建大学生心理健康

在大学生心理健康问题日益凸显的情况下,家、校任何一方都不能单独解决问题。家校合作才是一条值得期待的解决途径,即家庭给予学校更多的支持、学校带给家庭更多的指导,双方能更加有效地交流合作来共建大学生心理健康。本节通过查阅文献从家庭因素的重要性、家校合作的必要性、家校合作的现状及问题以及对于家校合作的建议4个方面切入,逐步深入探讨了家庭因素对大学生心理健康影响的根本性以及学校心理教育辅导方面与家庭对接存在的问题,并提出了家校合作的相关建议。

近年来,大学生的心理健康问题更多地受到社会各方面的关注,这是因为当前大学生心理健康状况不容乐观。2013年国家统计局的调查显示,约有240万大学生面临着较为严重的心理问题,而这个数据还在逐年上升。黄和等调查收集了三所高校的本科生的症状自评表,结果显示约有1/3的大学生面临着心理方面的困扰,不论是躯体化、强迫症状,还是人际关系敏感等心理问题,都更频繁地出现在大学生这个群体之中。为准确掌握学生心理健康状况并及时做出干预,各大高校都在完善本校的心理健康体系使其更加健全。但目前,学校承担了几乎所有的大学生心理干预指导的责任,而大学生成长的家庭却没能发挥到更积极的作用。不可忽视的是,家庭是大学生形成自身人格的基本环境,对大学生的心理健康也会产生根本性的影响。当学生出现心理问题时,不能仅仅依赖于学校,而应从学生出生成长的家庭环境入手寻找根源性问题,这就需要家、校双方合作,一起构建大学生心理健康。

## 一、家庭因素的重要性

大学生心理健康状况涉及家庭、社会、教育以及学生自身等多重影响因素，而家庭是学生生活成长的首要环境，所以家庭因素对大学生心理状况的影响尤为重要。家庭因素基本可以概括为家庭经济情况、家庭结构、家庭氛围、家庭教育四个方面，这些因素对大学生产生的负面影响会积压在他们心中，并成为日后学习或是毕业后引发心理问题的隐患。调查发现，许多心理健康问题都发生在大学生较早的年龄，比如社交恐惧症发病年龄中位数在7～14岁，创伤后应激障碍的高峰期风险期为16～17岁，超过一半的抑郁症患者在儿童时期、青春期或青年时期首次发病，而这时候他们的成长环境主要还是家庭，因此，应提高对家庭因素的关注度，从根源上探索并预防大学生心理问题的产生。

### （一）家庭经济状况

家庭经济状况是影响大学生心理健康的一个重要因素，这主要关系到学生平时的生长环境、接触人群、受教育程度等。家庭经济情况较为不错的学生，从小生活在一个物质、精神都较为富裕的环境下，周围人的素质以及受到的教育水平也较高，相比之下，这些学生则能获得更加优越的条件，有助于其心理健康水平的提升。相反，贫困家庭的大学生的成长环境较为有限，他们的心理问题无法被及时关注与发现，这对他们的心理健康是不利的。另外，有些贫困家庭的大学生还必须依靠贷款、助学金、勤工俭学等助学途径来完成他们的大学学业，这使得他们在日常的学习和生活中感到压力和自卑，而这些不良的心理负担就会给其心理健康埋下了隐患。因此，家庭经济情况对大学生心理健康的影响不容忽视，尤其是贫困家庭的大学生，应给予其更多的关怀。

### （二）家庭结构

家庭结构包括学生单亲与否、独生子女与否、留守与否等情况，学生在不同结构的家庭下成长自然会受到不同的影响。其中，单亲家庭和重组家庭中的孩子相较而言容易缺乏归属感和安全感，对人际关系会更加敏感；独生子女则更易形成以自我为中心，可能会困于处理与周围人的关系，独立承担责任的能力也稍差一些；留守家庭中的孩子往往缺少爱，容易自卑封闭、对外界环境怀疑不信任。但容易被人们忽视的是，在家庭结构形成甚至在此之前，其对大学生产生的影响就已经发生了，并且一直延续到大学，就有可能成为许多心理问题发生的诱因。

### （三）家庭氛围

家庭氛围主要是指家庭成员间的亲密程度，其对学生幸福感产生了重要的影响，从而关系到大学生的心理健康状况。影响最直接的就是父母关系，父母关系不和谐常常导致他们的子女不善于表达自己的情绪，心理压力得不到及时缓解，则容易诱发心理问题；父母关系密切，则对子女心理需求的包容性更大、家庭成员交流沟通更顺畅，有助于子女的心理健康。相比之下，良好的家庭氛围更有利于学生身心都健康地成长。

### （四）家庭教育

家庭教育是一切教育的基础，其主要是指父母对子女的教育，这在子女的中小学教育阶段，一直占据着主导地位。因此，父母的文化水平、受教育程度以及职业都将影响到对子女的教育，并反映到子女身上即其期望与观念，这可能成为学生压力的间接来源。相比之下，综合素质较高的父母更善于理解和尊重子女，能够与他们进行更有效的交流，较好地注意到子女心理情况的变化，并及时指导他们解决问题，在这种教育环境下成长的学生有着更好的心理素质。

## 二、家校合作的必要性

### （一）家庭是大学生心理问题的根源

家庭是大学生形成自身人格的基本环境，对学生的心理健康也会产生根本性的影响。大学生心理问题往往都是由于曾经的家庭因素对其心理造成打击，或者是遇到问题时最亲近的家人没有起到积极作用，以至于这些问题在学生心里不断萌芽甚至向恶性方向发展，在大学时期他们再遇到类似问题便暴露出心理弊端。学校在解决学生的心理问题时若能与家庭方面合作，便能从根源上发现问题所在，更高效地帮助学生建立心理健康。

### （二）家庭方面可作为学校的推手

对于学生而言，师生关系并没有亲子关系较高的亲密度，学生与老师交流时并不能完全地坦白，学生会怕暴露自己的某些缺点从而影响到以后的一些利益就会有选择性的隐瞒，这对于学校方面解决大学生的心理问题是不利的。相对于学校的契约性而言，家庭关系更具有盟约性，可以缓解学校在心理干预过程中出现的紧张与冲突。而且在家庭一方的帮助下，学校方面可以更好地找出问题所在、鉴别问题类型，从而制订更好的解决方案。

### （三）家校双方都不能独自解决问题

大学生心理问题的解决需要家校双方的通力合作，任何一方都不能独自发挥完全作用。高校心理健康教育方面，更多关注的是事发后的补救措施，未着眼于家庭因素的根源性，很难着实地解决大学生的心理健康问题。然而，家庭因素也是受到我国社会形态的影响，又岂能一时间改变，这就需要在学生本身因素方面做文章。而学校的有效引导，能帮助大学生正确认识来自家庭的各种压力因素，将自己从心理压力之中解放出来。利用家庭影响的基础性作用与学校心理疏导的指导性作用，将学校教育和家庭教育结合起来才是一条构建大学生心理健康的重要途径。

## 三、家校合作的现状及问题

家校双方的有效合作目前还处于纸上谈兵的阶段，没有完整的规划，可操作性低。双方都存在问题，家长对学生情况的漏报瞒报、高校忽视与家庭的沟通等都关系到双方的合作。

### （一）家庭方面的问题

首先是家长对大学生的心理问题缺乏关注度与重视性，认为孩子只需要学业成绩优秀就可以了，所以对于学校心理方面的活动参与度不高，使家校合作难以进行。其次，家长中存在这样的想法，即把孩子送到学校里自己就没有了责任，出了问题也都该学校负责。这一方面忽视了家庭因素的重要影响，另一方面还缺乏与孩子有效及时的沟通，使孩子的问题无法解决，最终影响到孩子的心理健康状况。但更难解决的问题是家庭方面缺乏与学校合作解决学生心理问题的硬件设施和能力。有一些家庭位于较偏远的地区，有可能缺乏与外界联系的移动设备，同时也难于与学校进行家访这样的交流活动，这就使得双方交流存在障碍；而对于一些文化程度较低的家长来说，他们却是心有余而力不足，他们不懂得如何去发现孩子的心理问题，更不用说是解决了。

### （二）学校方面的问题

一方面，学校缺乏资金支持和专门负责家校合作的机构，使得家校合作实施起来存在困难，在人力、物力、财力、精力等方面都捉襟见肘。这种情况下，学校自然会放弃或者说是只做家校合作的表面工作。另一方面，学校利用新生入学、家长会等时机更加注重的是宣传学校，而不是与家长交流合作以预防大学生心理问题的发生。学校往往是在学生出现了问题之后再通知家长，但这时候家长容易产生消极情绪和抵触心理，很难理性与学校合力解决问题，使得双方合作难以开展。

## 四、对于家校合作的建议

### （一）完善沟通方式与途径

随着通信技术的发展，QQ、微信等联系方式在电话、短信后流行起来，但对于一些偏远地区来说，他们与外界的沟通方式也许还停留在书信上。所以学校方面应在沟通方式上兼顾传统与流行，通过书信、微信、电话等形式将学生在校的生活状态告知家长，使家长能够及时了解孩子的心理状况，同时还能向家长了解学生的家庭情况以给出针对性的解决方案。另外，家访、家长会这种面对面的交流方式也是不能缺少的，毕竟面对面能够更直接真切地发现问题并且一起寻找解决方案。

由于每个家庭的文化背景、经济情况、家庭结构以及心理教育文化的不同，家长们参与教育的行为、家校合作的进行程度就有差异。针对不同的家庭存在的问题，学校可利用学生入学或假期，采用小型探讨交流会的形式对其家长进行短期培训，内容涉及帮助子女如何更好地适应大学生活、更好地与人沟通、大学生涯的规划、情感困惑和心理问题的面对与解决等。通过这些短期培训使家长们对于大学生心理健康、家校合作有更深层次的认识，最大限度地发挥了学校心理咨询团体的价值。

### （二）建立档案

创建档案，有据可查。学校应在学生档案中纳入人口学资料并重视其预估作用，一方面可以在心理问题出现或者恶化之前进行干预，减小损失；另一方面可以在问题发现后寻找问题根源，便于对症下药。建立心理问题学生的相关档案，应收集三个方面的内容：第一，大学生原生家庭状况、经历过的重大事件等影响学生心理发展的因素；第二，大学生性格品质、心理问题属性等反应起心理状况的资料；第三，大学生的人生追求情况、学习适应性状况等。创建档案有利于全面掌握学生信息，只有对他们的心理健康状况有全面、客观的了解，才能为科学、有效的教育管理提供理论依据。

### （三）培养起专业队伍

借鉴现有家校合作方面的经验，建立培养起一个推动家校合作的专门组织，致力于研究、改革家校合作。此外，学校方面要主动完善家校合作的沟通机制，使其组织化、制度化，以确保家校合作的连续化、规范化和长久化。学校方面还可以通过招聘吸纳更多德才兼备的兼职或是全职大学生心理健康教育教师，对教师队伍进行专业、定期的培训，建设一支理论实践水平都高的心理健康教育队伍，以充分发挥其在家校合作中具体策划人、组织者、参与者、指导者、咨询者等不同身份的作用。

在大学生心理健康备受挑战的情况下，家校合作的重要性和必要性更加凸显。虽然家校合作在我国并无太多可借鉴的经验，但这是一条值得我们去探索、实践并不断完善的解决途径。也相信在家校双方的共同努力下，大学生心理健康水平在未来会有所提升！

## 第三节 大学生与心理健康

心理健康对于大学生的成长成才起到关键作用。研究表明，高校开展大学生心理健康教育意义重大，不仅可以帮助大学生培养良好的性格，克服依赖心理，增强独立性，提升外部环境适应能力，充分发挥自身潜能，而且可以减少大学生心理障碍，预防危机事件的发生。教育部《关于加强普通高等学校大学生心理健康教育工作的意见》中明确指出，心理健康教育要以课堂教学、课外教育指导为主要渠道和基本环节，形成课内与课外、教育与指导、咨询与自助紧密结合的心理健康教育工作的网络和体系。我们可以看到，第二课堂教育对高校心理健康教育起到了重要和突出作用。

## 一、心理健康的含义

世界卫生组织（WHO）指出，健康是一种生理、心理与社会适应都臻于完满的状态，而不仅是没有疾病和摆脱虚弱的状态。广义上，心理健康是一种持续高效而满意的心理状态；狭义上，心理健康是知、情、意、行的统一，是人格完善协调，社会适应能力良好。

个体能够与环境有良好的适应，其生命具有活力，能充分发挥其身心潜能，就可被视为心理健康。心理健康水平分为一般常态、轻度失调、严重病态三个等级，其中能较好地完成与同龄人发展水平相适应的活动并且能与人良好地相处，能主动调节情绪，被视作一般常态心理；经常不能表现出与同龄人所应有的愉快，与他人相处略有障碍，自理能力较低，但经帮扶可以恢复常态的，被视作轻度失调心理；心理病态、维持正常生活和工作能力差，需要及时就医治疗的，视作严重病态心理。

## 二、大学生心理问题的成因分析

### （一）生活适应因素

现在的大学生多数是独生子女，生活上的娇生惯养和学习上的一帆风顺，使他们很少经受挫折锻炼，独立的生活能力较差。一方面，部分大学生心理、生活等方面独立性差，离开家长独自入校后，面对相对简陋的宿舍居住环境，以及来自不同地区、不同生活习惯的舍友和同学，难免会产生委屈感和小矛盾，如不能尽快调整心态，适应新的校园生活，久而久之难免产生压抑感、孤独感，甚至出现心理问题；另一方面，大学宽松的教学管理模式，导致部分自我控制能力较弱的大学生开始过上放纵自我的校园生活，不能平衡大学学习与生活，迟到、早退、逃课、考试作弊等问题接踵而来，并逐渐产生一种自负心理。

### （二）人际交往因素

大学生的校园生活离不开人与人的交往，相比高中单纯的人际关系，大学要复杂得多，高校人际交往包括学习交流、感情交流、社团交流，以及兴趣爱好交流等，交际圈从小到大扩大、从单一型到复合型转变。良好的校园人际关系有助于大学生加强对自我的了解，有助于更好地适应校园生活，有助于获取更多的校园资源。高校人际关系一旦处理不好，就会对学生的情绪和心态产生重大影响，极可能使学生陷入孤僻自卑的心理。同时，随着近年来网络社交工具的普及，大学生们纷纷开始进行线上交际，人人网、校内网、QQ、微信等网站、平台的兴起，为高校大学生人际交流提供了极大的便利，但却疏远了彼此的距离，导致面对面时反而无话可说，彼此之间越来越冷漠。

## （三）压力因素

大学生群体，一个看似轻松，事实上却承担着学业、生活、情感、就业等巨大压力的群体。当今社会变化迅速、竞争激烈，大学生们面临着学习压力、情感压力、就业压力，而且还要应对日益复杂多变的社会环境，肩上的担子越来越重。学生们为了不断适应社会发展潮流，就需要不断地努力学习，提升自身能力，在此期间，会产生各种各样的巨大压力。压力的增长会导致焦躁、焦虑不安，甚至抑郁等情绪的产生，如果得不到很好的缓解和释放，久而久之，就可能会产生心理问题。

## （四）家庭因素

家庭是一个人成长的摇篮，是人生的第一课堂，是孩子的一面旗帜，是孩子未来发展的关键场所。家庭环境的好坏对人生有着深远的影响，良好的家庭关系是心理健康的基础和保障。父母是人生的第一任教师，是孩子的一面镜子，是对孩子影响最早、最深的人，是孩子模仿最早、最多的形象，父母的价值观、人生观及言行举止，对孩子心理及性格影响最为直接。研究发现，父母离异或去世导致家庭结构改变的单亲家庭，父母工作忙无法顾及孩子的家庭，或者教育方式方法不合理不得当的家庭，最容易给孩子人格形成带来负面影响。另外，对孩子过于呵护、溺爱的家庭，也容易导致孩子在心理上出现一些问题，从而影响其今后发展。

# 三、高校心理健康教育的建议

## （一）心理健康教育与思想政治教育相结合

高校要培养复合型人才，应注重大学生心理健康教育与思想政治教育协同作用。高校在开展大学生心理健康教育时，一定要深刻地认识到将思想政治教育与心理健康教育进行有机结合的重要性，有意识、分步骤地将两者从思想认知度、教学内容、日常生活进行有效整合。如，全国高校共青团开展"菁扬有约""菁扬师说""菁扬青言"等系列信仰公开课，以及类似于此的思想教育活动，不仅坚定了青年大学生的理想信念，还引导大学生树立正确的世界观、人生观、价值观，对大学生的心理健康教育起到积极的作用。

## （二）心理健康教育与"互联网＋"相结合

将心理健康教育与"互联网＋"相结合，以网络心理健康教育网站、APP、邮件等不同形式开展网络心理咨询，可以明显提升心理健康教育的效果。同时，网络大数据也为高校心理健康教育提供新的途径，2017年12月，按照《团中央学校部关于推广实施高校共青团"第二课堂成绩单"制度的通知》要求，扬州大学研究谋划和启动实施"第二课堂成绩单"制度，制定"第二课堂"学分管理办法，并将心理健康教育纳入思想成长与身心发展类的必修课程中，通过"pu"平台记录学生的校园生活、成长情况，建立心理动态档案等，为高校心理健康工作提供了一定的依据。

### （三）心理健康教育与"第二课堂"相结合

高校应该不断丰富心理健康教育与"第二课堂"相结合的方式，除了目前高校已普遍开设的心理健康课程、举办心理健康讲座、心理团辅等常规形式，还应重视"第二课堂"的开设。教化作用是所有课程都能做到的，但"第二课堂"的自由性质及趣味性，可以更有效地帮助大学生开阔眼界，提高自我接纳能力、克服自卑情绪，有利于培养大学生的健康心理，从而积极乐观地面对学习和生活。所以高校应当重视"第二课堂"管理，构建"第二课堂"课程化体系，设置专项心理健康课程，帮助学生树立健康心态和积极向上的人生观。艺体类学科有其特殊的优势，一方面可以提升学生艺体素质，增强体魄，另一方面提升体育教育的吸引力。扬州大学将才艺竞赛、体育竞技、艺术展演等类纳入"第二课堂"艺体素质与技能特长类别中，希望学生通过参加艺体类活动增强体魄，提升个人才艺，结交好友，减少社交恐惧和对网络的依赖，在运动及文艺学习中健全心理素质建设，提升自己的适应能力。

大学生心理健康教育是个社会系统工程，当前高校大学生的心理健康状况不容忽视，因此，高校应高度重视和加强大学生心理健康教育，将心理教育与思政教育、"互联网+"等相结合，借助于第二课堂等创新模式，积极开展心理健康教育，努力使心理健康教育在大学生的成长与成才中发挥出更大的作用。

## 第四节　大学生心理健康影响因素分析

WHO 提出：21 世纪人人享有健康。心理健康的标志是：身体、智力、情绪十分调和；适应环境；有幸福感。但随着社会的进步和发展，都市生活节奏的加快，竞争的日益加剧，日趋严重的心理问题已成为影响大学生健康成长和高职学院稳定的突出因素。湖南省某高校的调查显示，有近 23% 的学生感到苦恼，14% 的学生在积极和消极情绪维度上偏向消极一方。由此可见，大学生心理健康教育已经成为高职学院学生教育和管理工作的一个重要方面。因此，了解和把握大学生心理健康的影响因素、开展心理健康教育的工作模式及其具体应对策略，是有效开展大学生心理健康教育的前提和基础，将有助于大学生心理健康教育工作的深入开展。

## 一、大学生心理健康的影响因素

根据"素质——压力模型",个体若有倾向得某种心理疾病的遗传素质,则特别容易受环境压力的影响,而产生相对应的偏差行为。就大学生这一特殊群体而言,其"压力"主要指其在学习过程中可能会面临的各种困扰或问题,而"素质"指大学生自身由遗传获得的,潜在的心理困扰特质。当大学生潜在的心理困扰特质水平偏高,在面临外界压力时,如果缺乏有效的应对方式,那么个体就可能会出现适应不良的状况,进而衍生出各种情绪障碍或偏差行为,甚至导致严重心理疾病的产生。

### (一)自身因素

大学生正处于身心发展的重要时期,他们在心理上正处于迅速走向成熟而又不完全成熟的过渡阶段,由于我国中学阶段长期实行应试教育,不重视青少年的生理和心理教育,尤其是青少年性教育,使得他们在这一时期普遍感到迷茫,出现一些行为或心理上的偏差。还有部分学生可能存在部分先天或后天的机能缺陷,不良的生活习惯等也可导致身体不适,作息异常,从而限制其学习范围与学习潜力的发挥,影响学习效果与自我价值感。在心理特质方面,自我中心、缺乏弹性的人格特质,人际交往技能的缺乏等也会影响大学生的心理适应能力。一般分为两类:一类个性追求完美,过于苛求,过度在乎周围的一切,别人的看法,不允许自己没有达到预期目标,容易将失败进行内部归因,从而产生焦虑抑郁等不良情绪;另一类是自我意识消极、学习动机薄弱、容易将失败过度归因于外在因素、自我控制能力低,容易沉迷于网络、游戏等。

### (二)家庭因素

"家庭是人格形成的摇篮"。青少年的人格基础形成于家庭,而良好的家庭环境对青少年形成健康的人格具有重要作用。事实证明,和谐的家庭氛围有利于大学生形成谦虚、礼貌、随和、乐观的人格特征;反之,则易使大学生形成粗暴、孤僻、冷漠等不良的人格特征。因此,父母的管教态度、家庭气氛、手足关系等家庭成长经验,深刻影响个体日后的人格独立与心理健康。同时,家庭的经济状况也会对他们产生一定的影响,尤其是人际关系方面。

### (三)学校因素

高校中乏力的人格教育、呆板的教学方法、强制性学习、竞争的无序化、同学关系紧张等,均使大学生的心理压力增大而影响心理健康。多年来,我国高校以"学科为本"为主题设置课程,极不重视大学生的心理健康教育。目前,尽管很多高校都设有心理咨询中心,但工作开展得并不尽人意,主要是因为咨询手段和方法落后,适应不了学生的要求,以致学生一旦有了问题,也不愿意进行心理咨询。

## （四）社会因素

人是生活在一定的社会文化环境中，因此经济状况、价值观与社会制度也随时影响着大学生的心理健康程度。目前，我国正在经历一个变革转型时期，经济、政治以及文化各方面都在变化中，而大学生又正处于生理和心理的不稳定时期，出现各种心理困惑在所难免。例如：社会价值观偏差，过度看重文凭、名牌学校、唯升学论，从而窄化人生，不利于个人多元价值观的建立。其次，由于大众传媒的发达与普及，每个人每天接受大量资讯，但内容却充满商业物质取向、女性物化、拜金主义、享乐主义等表面肤浅的内容，不但学生容易受到迷惑而分心于学业之外，有时也会造成学生严重的价值观偏差。

# 二、增进大学生心理健康的策略

大学生群体的特殊性给高校心理健康教育的实施带来了巨大的困难，虽然目前各高校建立了心理咨询机构，成立了各种与心理健康有关的社团，但是大学生心理健康教育是一个系统工程，需要各方面协同发展，因此，探讨大学生心理健康问题的干预策略就显得尤为重要。

## （一）从学生个人方面增进心理健康的策略

这是大学生心理健康教育的重要方式，也是在心理健康教育中有效发挥大学生主体性的最佳方式。大学生具有较高层次的知识水平，良好的认知能力和相对稳定的价值观，单单依靠"说服性教育"可能收效不大，因此要充分发挥大学生的主观能动作用，进行自我教育。结合"压力调节模式"，引导大学生合理规划自己的生活，掌握缓解压力的各种方法，保持健康的生活状态；通过阅读一些心理学、哲学的经典名著，并且开展符合自身特点和水平的心理素质训练，提升自我强度；积极参加各项心理健康活动，熟悉专业心理资源网络，努力增加社会资源等。

## （二）从学校环境方面增进心理健康的策略

重视校园文化建设，创造良好的社会心理环境。校园文化作为一种隐性课程无时无刻不在影响着学生的身心发展，大学校园应该是充满温馨关怀、充满活力与希望，能够提供每位学生在此学习与成长的地方；应该是一个重视学生的各种能力协调发展、尊重学生各项意见，安全的、性别平等的友善之地；是一个学生能够快乐学习、自我成长的健康环境。因此，构建良好的校园文化是大学生心理健康中不可缺少的一个环节。

重视学生的生涯规划进程，确认学生的生涯发展目标。很多学生就读大学专业时，对自己所读专业的未来发展是非常模糊的，因此学校应该积极地开展生涯规划与选课辅导，特别是大一新生的辅导员可以组织利用新生座谈、班会时间、系学生活动时间和学术演讲等机会，由师长、研究生介绍自己的学习生涯规划过程，提供学生生涯规划的学习对象。

当学生的生涯规划设计目标明确清楚时，学生也才能安心于学习，相对的，心理健康的程度也会比较高。

积极宣导校内心理卫生工作，增进学生心理适应能力。学校心理咨询中心并非只对问题学生或是危机事件中的学生服务，当学生在心中有困惑、生活感到不适应、希望自我探索以及帮助自己不断迈向自我实现等情形时，都可以主动到中心寻求各项免费的专业咨询，它要承担学生的个别咨询、团体咨询、新生筛查、成长团体、自我探索和生涯规划等服务。心理健康社团要承担心理影片欣赏、书籍借阅、心理健康推广活动等工作，二者应该相互配合，通过心理健康的三级预防模式来帮助学生增进心理适应能力，及早解决心理困惑。

## 第五节　高校大学生心理健康研究

随着社会的进步发展，高校的扩招，近年来，越来越多的大学生的心理问题浮现出来，由心理问题导致的一系列问题不容忽视，如何发现、疏导学生的心理问题，成了亟待解决的问题。

### 一、当前高校大学生心理健康的状况及原因分析

#### （一）事故频发

据国家卫生部公布的数据显示：自杀事件频发，心理问题是主要原因。自杀在中国人死亡原因中居第5位，15岁至35岁年龄段的人，自杀的排到首位。在全球，15—19岁的青少年死亡，自杀是五大原因之一。

据2017年4月调查的数据显示：心理问题导致的高校学生自杀现象呈逐年上升趋势，每年的3—4月，5—6月现象比较多，女生多于男生，比例为7∶3，自杀人数随着年级的增加而增加，且本科生多于专科生。每年由于心理问题导致的自杀、休学事例不断增加。虽然社会在发展，但大学生的心理显得越来越脆弱。

#### （二）缺少疏导

大多心理有问题的大学生，主要还是缺少心理疏导。很多大学生，即使出现问题，也不知道怎么解决，如何寻求解决。出现问题的时候，第一时间想到的并不是寻求帮助和疏导，而是自己觉得怎么痛快就怎么解决，而在平时，大多数同学并不懂得向辅导员或心理咨询中心的老师寻求帮助，而是一意孤行。或者，学校一直没有很好地引导学生在出现问题的时候该如何解决，用什么方法解决。

### （三）学校缺乏专业人员

据调查，（数据）高校严重缺乏心理专业的人才。一所将近三万人的大学，只有四五个心理咨询师，而且每个心理咨询师的工作量庞大，这些心理咨询师基本上都持证上岗。但是一所大学只有几个心理咨询师，远远满足不了学生的需求。此外，心理专业的老师或者辅导员匮乏。虽然能动用这些专业老师在课余时间为学生进行心理疏导，但是心理专业出来的教师毕竟也不是专业的心理医生，在发现学生的心理问题和给予学生疏导方面还是存在差距的。

### （四）缺乏救助机制

学生出现心理问题未能及时发现，学校缺乏整套救助机制。例如：如何发现学生的心理问题、如何与家长沟通、如何对学生的心理问题进行疏导、如何与学生谈话以及如何定期跟踪。

### （五）学生的健康水平不高

在学生出现心理问题的时候，学生不懂得求助，更不懂得自救。大多数学生自身缺乏对心理知识的了解，出现问题不知道怎么与人沟通或者不沟通，遇到压力不知道如何发泄。

## 二、原因分析

### （一）自身因素

现阶段的高校学生都是90后的学生，饭来张口，衣来伸手，尤其是独生子，过着皇帝般的傲娇生活。物质生活虽然丰富，但是精神生活却是匮乏的。同时，受挫能力相对80后大大减弱，自身心理素质不强。不懂得生命的可贵，缺乏对生命的重视。学校很少或不开设心理健康的课程，班会、德育课也忽略了心理健康教育。

### （二）家庭因素

家庭方面，家长只重视孩子的学业、生活，忽略了孩子的心理健康。一味地要求过高，不切实际地望子成龙望女成凤，给孩子灌输了过于悲观的看法。例如：要求孩子不仅方方面面要做到阳光，还告诉孩子在社会上，沟通能力很重要，如果不懂得沟通，除非有顶尖的技能，否则根本活不下去。孩子在各方面都没有达到指标的情况下，就可能走向极端。

### （三）社会因素

社会在发展变化，对于"自残""自杀"现象，在以前80年代显得极为少见，以前的学生不敢做这样的事。而现在的学生不把生命当一回事。随着高校的扩招，毕业生人数的庞大，就业一年比一年竞争激烈，学生在屡受挫折的情况下，没有很好地进行心理调节或疏导。网络的发达也是一个因素。"网虫""低头族"，学生每天沉迷在网络中，与外面的社会脱节，遇到问题也不懂得如何沟通，一味地沉迷网络无法自拔自身不能控制网络而被网络控制，而网络也存在不健康的因素，例如色情网站、暴力游戏，这些对学生的心理健康成长十分不利。

### （四）学校因素

中小学校只重视应试教育，不重视心理健康教育。而在高校，学生心理出现问题的因素是多方面的。例如，学业因素，为了在以后的就业竞争中有一席之地，学生们帮着考证，但是如果连续三四次考不上，对于期望过高的学生会造成打击。课程考试方面，平时虽然能在教室认真听讲，但没有掌握好学习方法，因此也没有得到好成绩，学生也会造成情绪低落。此外，学校人际关系、恋爱问题导致的心理问题也随之出现。

## 三、当前高校大学生心理健康的问题的对策

### （一）建立救助机制

有的学校只在大一新生到来的时候对学生进行心理排查，到了大二大三却忽略了这项工作，导致大二大三减少了发现问题的力度。心理咨询中心应不定期地召开会议，教给教师或辅导员一些业务方法，例如，如何判断与发现学生的心理问题，如何对学生进行心理疏导，如何正确地跟家长沟通、劝导等。规模较大的高校，应在二级学院或者系部建立"二级心理辅导站"。对来访的学生或自己发现的学生进行访谈，并做好访谈跟踪记录。

### （二）加大师资的培训力度

在招聘辅导员的时候，在专业上以"心理"专业优先，或以拥有《心理咨询师》的人员优先。在教师培训方面，不仅要重视高校教师的资格培训，还应该重视教师的心理培训。多为教师争取"心理咨询师"的考证培训，鼓励教师培训考试。

### （三）鼓励学生参加社会实践

多让学生参加社会实践。例如"三下乡"、"志愿活动"，多让学生转移注意力，体验生活的乐趣。公益活动有利于学生的身心发展。此外，多让学生参加体育运动。运动能缓解焦虑，发泄情感。引导学生在阴雨天气多注意情绪的调节，告知学生调节的方式；在阳光灿烂的天气多参加户外活动、运动。

### （四）工作做细

辅导员、班主任、教师的工作应该细致。注意观察、留意学生的动态，定期地观察、

思考、留意学生的情况，便于及时及早发现问题。还可以通过与班干谈话了解情况，以"宿舍"为单位进行约谈，了解情况、发现问题。为了保护学生的隐私，还可以以邮件的形式与学生谈话。

## （五）发挥心理委员的作用

辅导员的工作量大，一个辅导员带两三百个学生，发现问题不容易。这时候，就要发挥班级心理委员的作用了。心理委员按照心理咨询中心交给的方法，及时发现学生问题，进行定期的跟踪观察，一有问题马上联系辅导员，注重特殊学生的心理跟踪。首先应该排查、发现的是特殊学生。例如贫困生和学困生。这类学生心理比较敏感，辅导员在平时的工作中应注意对这些学生多加观察，多给予关心、多谈话，及时了解学生的思想动态。

# 第八章　大学生积极心理学教育

## 第一节　积极心理学与大学生心理健康教育

积极心理学是心理学领域发展的重要突破，它强调了人类积极性格的塑造和作用，主张普通人建立积极的心态，从而促进个人的进步和发展，为社会和谐发展做出贡献。积极心理学从研究原则上重视人的积极品质，避免了心理研究总是趋于负面问题讨论的传统思路，使心理研究能够为普通人的积极健康和生活服务。因此在大学心理健康教育中，积极心理学显示出其独特的优势和特点。

### 一、积极心理学在大学生心健康教育中推广的意义

在当前的大学心理健康教育中，仍然以传统的心理疾病预防和矫正为主要的教学目的。一方面造成学生对心理健康教育形成抵触情绪，另一方面也不利于心理健康教育的广泛开展。而积极心理学对于普通学生有着一定的教育和宣传价值，对于促进全体学生积极健康心理的培养具有着重要意义。

（1）积极心理学为大学心理健康教育重新设定了目标。普通个体在学习和生活中，即使心理健康上没有出现明显的问题，但是其他方面的原因可能导致学生的意志和心理长期消沉，对于其学习和发展造成不利的影响。而传统的心理教育没有对相关的问题进行充分的重视和研究，导致大学心理健康教育存在不合理的问题。对此积极心理学主张对普通人应该建立积极预防的心理健康教育体系，促使学生能够在正常生活中感受自身的价值，促进学生积极心理的培养，使学生能够主动挖掘自身的闪光点和潜力，促进学生综合素质的提高和发展。

（2）积极心理学充实了高校心理教育的内容。在传统的大学心理及健康教育中，学校和教师关注的重点都是心理可能存在异常的学生，导致学校的心理健康教育无法对其他多数学生造成约束和影响。积极心理学增加了心理健康教育的目标和途径，促使学校的心理健康教育关注的学生群体更加多样和全面，促进所有学生积极心理和健康生活方式的养成，为学校的心理教育拓展了教学目标和教学内容，使高校的心理健康教育能够更有效地施行。

（3）积极心理学是大学心理健康教育的创新。在传统的心理健康评价体系中，往往

注重对学生负面情绪和心理的排查和调节工作，导致学生可能受到教学内容长期的暗示和影响，在心理上出现波动和变化。积极心理学创新性地提出为全体学生树立积极的心理观念，促使学生接触到的心理教育内容更加多元，有效克服负面情绪，使自身的心理健康状态得到提升。

## 二、积极心理学在大学心理健康教育中的应用策略

（1）增加学生在积极心理上的体验。人的心理容易受到周围环境和其他人的，自身行为的影响而产生微妙的变化。对此，在大学心理健康教育中，教师应该充分运用心理暗示这一特点，增加学生的积极心理体验，以促进学生在心理上保持积极主动。例如在课堂教学中，教师要多举一些积极的生活实例，从而保持课堂氛围的轻松愉快，促进师生之间的平等和尊重等，使学生能够获得轻松愉快的学习体验，并为学生的积极学习和生活提供动力和帮助。除了心理和行为上的暗示，教师还应该教会学生有效克服心理消沉的方法，消除学生内心的焦虑，减轻学生的心理压力，促使学生以积极的方式调节自身的负面情绪。

（2）通过高校环境对学生的心理状态进行调节和暗示。学生的心理状态和周遭的生活大环境有着密切的联系，因此，学校和教师应该注意对教学环境的构建，促使学生在大环境中保持积极进取的态度。此外，学生较高的环境适应性也是其心理调节能力的重要体现，对此学校要对刚入校的学生给予特别的关注和引导，促进新生养成积极的学习和生活心态，为学生在学校的长期积极发展奠定基础。在高校生活中，集体主义文化是学生必须面对的问题，一些学生乐于在集体活动找到自身的价值和定位，从而保持积极的心理状态。部分学生则可能对集体活动保有抵触情绪，在活动中感到不自然，使自身的学习和生活更加焦虑。对此学校和教师应该谨慎制订集体活动计划，使不同的学生能够在活动中找准自身的定位，在校园活动中保持积极的心态。为了提升大学环境对学生心理的暗示和影响力，学校和教师可以以下几方面进行参考。例如通过营造积极的校园文化对学生的心理进行影响，促使学生不断正视自身的状态，控制和培养自身的情绪。还可以促进学生和校园、社会、家庭等多元环境保持密切的联系，使学生能够在不同的环境中实现对自身情绪的及时改变和调节，使学生的学习压力和焦虑得到及时的宣泄，提升学生积极的情感体验和自控能力。

积极心理学对大学生心理健康教育有着重要的影响，一方面其改变了传统的教学思路，另一方面也改变了教学的具体内容和目的。对此学校和教师应该对大学心理健康教育进行更详细的研究，促进相关教学质量和效率的提升，促进学生健康心理的培养和发展。

# 第二节　基于积极心理学的大学生心理品质培养体系的构建

随着教育水平的不断提高,越来越多的高校将目光转移到学生的心理教育之上。如何有效地引导大学生构建起积极的心理体系,不管是对于高校培育高素质人才,还是对于学生自身的心理发展甚至是社会的进一步前行都具有实际意义。积极的心理素质能够经由后天培养而来,经过不断的训练可以让大学生逐步构建起积极的情绪管理体系、认知评定体系以及积极的行为管控体系。将积极心理学有关的理论知识添加到高校大学生心理教育之中,能够突破原有的心理教育模式,解决消极干预的问题,确保大学生能够培养起优秀的心理素质体系,真正实现大学生心理教育的目标。

## 一、积极心理学的基本内容

积极心理学主要研究积极的心理情绪在人们日常生活中发挥的效用。从积极心理学角度来说,消极的心理态度可以看作是人们面对外界危险构建起的第一道警戒线,其会将人们带入到战斗状态,由此来打破或远离危机。反观积极的心理态度,则会拓展人们的眼界,提高自身对外界的包容程度以及自身的创造水平,能够让人们拥有更加健康的体魄,获取更加优质的人际交流。例如说兴趣的产生会引发探索全新信息的动力,同时也会让人们产生向前发展的期望;满意的产生会让人们认可当前的生活环境,同时还会将此环境同自身和社会中的全新论点进行有机融合;自豪的产生会让人们渴望将此情绪同他人分享并期望在未来谋求更大的成功;爱的产生会让人们出现同爱的对象一起生活并探索全新世界的想法。

积极的人格特质作为积极心理学中最为基础的部分。在积极心理学之中,主要探究了多达 24 种积极的人格特质,其中涵盖有乐观、自信和成熟的防御体系等。而最为核心的特质有勇敢、仁爱、智慧、正义、节制以及精神卓越等。在积极心理学当中,将幸福的产生归结为人们可以找寻出自身的优点和积极的人格特质,同时还可以在日常生活中展现出来。

积极心理学之中也将主要的研究方向集中在社会文化背景方面,认为社会文化背景同心理素质、人格特质、创造水平、情感态度以及心理治疗有着密切关系。一个积极的组织体系包含有积极的子系统,其中积极的小系统涵盖着稳定的社区关系、高度负责的社交媒体、良好的家庭环境以及教育水平较高的学校;而积极的大系统则包含有民众具有的责任意识以及道德水平等。积极心理学当中还探究了产生天才的外部条件、创造水平发展同人们幸福生活指数的关系。

## 二、构建大学生积极心理品质培养体系

### （一）培养学生积极的情绪体验

积极心理学当中一个主要的研究方向便是积极的情绪体验，主要将能够引发个体出现接近性行为或者行为趋势的情绪都划归为积极情绪，表现为个体对过去回忆的满足并幸福地享受现在，同时对未来具有乐观期望的心理状态。（1）培养大学生群体的主观幸福感，哈佛大学的导师沙哈尔就提出幸福的产生应当是快乐同意义的深度融合。使得学生可以在日常活动中找寻幸福、享受幸福、分享幸福、最为核心的便是在普通生活中挖掘出生活的意义。（2）强化大学生对于自身情感态度的调节水平。著名的心理学者Gross在发表的情绪调节理论中就着重强调了外部环境对个体心理产生的影响，同时也对环境选择、情境调整给出指导方案。因此大学生应当主动性地去搭建起能够引起积极情绪的外部环境。（3）认知作为个体情绪体验中相当关键的要素，差异化的个体在应对相同的环境刺激时，即使认知能力相同也会出现不一样的情绪体验。

### （二）培养学生积极的人格特质

积极心理学的目标主要是探究并培养个体的人格特质和积极的心理素质。（1）训练学生构建起积极的思维方式，树立积极的心理品质。将积极心理特质的养成提高到比消极心理特质在应对困难时更加核心的位置，整体来看属于一种逆向思考的模式。从相互的讨论交流中培育起积极向上的思维模式，潜移默化地让学生将优秀的人格特质划入到自身心理体系之中。（2）从三观等方面专门培育学生积极的心理特质。例如在培养积极的价值观时，学校可以组织相关的性格活动，清晰地将性格特质进行分类并确定相应的性格词语，将其制作成海报张贴在校园之中。此外还应当按时在校园通信网络中讲解性格词语和对应的意义。教师和学生针对这些性格特质和实际应用进行探讨。（3）将"爱"作为起始点，培养并提升学生积极的心理素质，强化实践能力。可以利用感谢信或者爱心救援等活动来让学生树立积极的心理特质。

### （三）构建积极的心理健康组织系统

积极的社会组织也是积极心理学中较为重要的一环，它不单单是培养人格特质的基础，还是个体出现积极体验的本源所在。积极的社会组织涵盖有国家、企业、家庭以及学校等诸多方面，其在学校中主要发挥的作用为构建优质的教学氛围。根据有关研究结果可以发现：大学生获取认可和支持最多的渠道是来源于家人和朋友，而教师的认可普遍较少。积极心理学当中主要提出搭建积极的外部环境以及积极的组织体系，不仅包含积极的个人环境，还有积极的组织体系等，一个稳定的组织系统也是大学生心理能否健康发展的关键所在。（1）构建起学生发展的积极环境，将个体、家庭、校园以及社会有效结合起来，构

成多维的互动模式。（2）制定出从家庭到校园再到社会组织的学生培养方案，主要包括个体情感、内心独白、爱心互助以及成果分享等，并让学生同家人和老师进行良好沟通。（3）真正将学生互助组织的效用发挥出来，架构出班级—班委—宿舍—同乡等学生关系结构。（4）对于支持体系来说，最为核心的是校园心理咨询组织，其应当有效完成学生的心理引导并给予相应的咨询服务，确保学生可以获取高质量的心理辅导。

### （四）积极的心理干预策略

积极心理学还主张搭建起行之有效的心理治疗方案，并将积极心理学的核心理论作为基础，构建起具体的心理治疗方案，强调心理治疗过程中个体应当将注意力投入在养成积极心理特质方面，主要是让患者通过强化自身的积极心理素质来突破心理疾病的束缚，或者防止心理问题的发生。（1）在校园中建立危险防范体制，将班级中班委、舍长以及党员群体作为核心，构建起心理危机的报警体系，利用积极心理学中的基本理论，将学生朋好友的作用发挥出来，尤其是在心理危机警示方面发挥应有效果，主动关注个体的心理情况。（2）通过积极心理治疗的方案来完成心理咨询，比如说让个体尽可能享受美好的一天、完成数祝福训练以及完成好事等活动。上述练习均需要个体深入思考并分析自身出现幸福情绪的事项，提高个体在面对积极事情的认知水平。（3）完成心理弹性的干预方案，其主要是建立在积极心理学之上，强化学生的心理弹性，可以有效调整学生的认知思维，并降低个体出现心理问题的概率。（4）发挥积极心理学辅导人员的作用，通过团队在情境之中的引领并辅助个体获取更加深入的心理体验。

综上所述，积极心理学作为心理学研究的新方向，它的工作目标体现了社会意义上的博爱和人性，是与人类发展的目标相一致的。我们深信，积极心理学理念指导下的大学生心理健康教育，将会极大提高大学生的心理健康水平，使他们过上更丰富、更有意义的生活。

## 第三节　基于积极心理学的大学生心理危机干预策略探究

以某高校心理普查中低年级到高年级大学生心理危机比例大幅提升的事实，反思当前大学生心理危机干预的问题与困境，从自身、家庭、学校和社会等层面全面、客观分析大学生心理危机问题的成因，力图构建基于积极心理学的大学生心理危机干预机制，为有效防止大学生极端心理危机事件的发生提供了创新思路。

随着社会的高速发展与进步，大学生心理问题呈快速增长趋势，各高校根据情况开展相应工作并且建立多级防御机制，但实际效果并不理想。如何走出大学生心理危机的困境，基于积极心理的视角构建以培养积极心理品质为核心的心理危机防御机制能够有效推动培养大学生健康人格特质的教育进程，切实提高大学生应对心理危机的能力，有效防止大学生极端心理危机事件的发生。

## 一、大学生心理危机的现状及问题

心理危机是指个体在遇到突发事件或面临重大挫折和困难，当事人自己既不能回避又无法用自己的资源和应激方式来解决时所出现的心理反应。针对个体在危机状态出现的一系列负面情绪、生理、认知和行为反应，目前各高校按教育部要求成立专门的心理健康教育机构，配备专业的心理健康教师，对心理危机对象力图实现早发现、早干预的工作机制，但在实际操作过程中依然面临着许多困难和挑战。

### （一）大学生心理危机现状调查情况

笔者使用 SCL-90 自评量表对某高校 5295 名大学生进行调查发现，一年级学生 1585 人中心理异常人数为 275 人，占测试总人数的 17.35%；二年级学生 1389 人中心理异常人数为 265 人，占测试总人数的 19.08%；三年级学生 2087 人中心理异常人数为 454 人，占测试总人数的 21.75%。存在心理问题的学生中，一年级学生最突出的症状依次为：强迫症状（40.50%）、人际关系敏感（36.50%）、焦虑（18.86%）、恐怖（16.59%）、其他（16.47%）；二年级学生最突出的症状依次为强迫症状（39.96%）、人际关系敏感（28.37%）、其他（21.31%）、焦虑（20.81%）以及抑郁（19.01%）；三年级学生最突出的症状依次为强迫症状（43.65%）、人际关系敏感（31.34%）、其他（25.26%）、焦虑（24.77%）、抑郁（22.28%）。通过进一步分析发现，大学生普遍存在心理危机，三个年级的症状主要集中在强迫症状、人际关系敏感、焦虑、抑郁和其他等，且从低年级向高年级学生人数比例呈增长态势。

### （二）大学生心理危机干预的问题与困境

从某高校心理测试结果中可以看出，心理危机人数和症状从低年级到高年级呈增长态势。现在各高校都非常重视对大学生心理危机的干预，新生进校后就开展心理健康普查筛选工作，对心理异常学生建立心理档案并持续跟进，然而，大学生的整体心理健康水平并未得到显著提高，反而出现了心理危机人数呈增长态势。

以往大学生心理危机干预重点关注少数个别学生，主要服务对象为具有情绪困扰、行为失调、适应困难以及有自杀倾向的个体。为防止这类学生发生极端事件，往往把工作重心放在所谓问题学生身上，忽视对其他学生应有的关注与支持。然而，心理危机干预并没有抑制心理问题的滋长。

虽说各高校都做好了针对大学生心理危机的干预机制和预防措施，但基本处于消极被动、疲于应付的状态，好多后期跟踪都流于形式，没有真正起到对有心理问题学生的有力支持或援助，从而导致高校心理危机干预工作无法做到位。

个体依靠自己的力量无法成功应对心理危机时，社会支持系统能够有效化解心理压力。

大多数存在心理危机的学生普遍存在强迫症状、人际关系敏感、焦虑、抑郁等，大多数人都不善于主动寻求帮助。在缺乏必要的社会支持，得不到应有的帮助、关心和肯定时，必定会使学生在没有能力应对问题时产生更强烈的失败感，引发更严重的心理危机。

## 二、大学生心理危机的成因分析

随着社会转型与竞争的激烈，大学生心理危机日益凸显。面对问题和困难，很多大学生采取逃避的方式，上课玩手机、刷微信和沉迷于网络游戏，甚至逃学旷课成为填补空虚灵魂的寄托方式。要实现对危机对象早发现、早干预，必须深入研究大学生心理危机产生的成因，探索大学生心理危机干预的创新机制，使大学生在成长成才的路上健康发展。

### （一）自身原因

从某高校心理测试数据中得知，大学生心理危机症状主要集中在强迫症状、人际关系敏感、焦虑、抑郁和其他等问题，调查反映出相当一部分学生出现网络成瘾、自控能力差、人际关系紧张、不懂换位思考等问题，遇到问题缺乏求助意识，又不愿经历改变的阵痛，极易产生心理危机。

### （二）家庭原因

任何一场危机事件背后均隐藏着心理危机，失败的家庭教养让孩子错失建立规则与自律的最佳时机，特别是父母感情不和、父母离异、单亲家庭的孩子以及留守儿童更容易产生冷漠、焦虑、抑郁、敌对、恐怖等消极情绪，缺乏安全感，容易陷入严重失衡的心理危机状态中。

### （三）学校原因

目前高校的心理危机干预体系重点关注具有强迫症状、人际关系敏感、抑郁、焦虑等症状的少数个别群体，况且在实际操作中较难对其通过一两次心理辅导来达到促进人格塑造和心理潜能开发的咨询效果。由于大学生心理健康状态是个动态变化的过程，心理危机会出现越抓越多的状况，甚至衍变成心理障碍的推手。

### （四）社会原因

通过某高校心理测试发现，因子分超过常模较突出的部分有三个：强迫症状、人际关系敏感、焦虑，这与价值观缺失、竞争压力过大和对未来考虑过多有直接关系。一旦情感和需求得不到满足，容易出现更严重的心理危机，甚至出现自残、自杀或伤害别人的行为，造成社会不稳定的诱因。

## 三、大学生心理危机干预的策略

从积极心理学的理论视角,把大学生心理健康教育课程与其他具有培育积极心理品质的课程整合到人才培养方案中,实现全员育人导师制贯穿人才培养全过程。充分利用家校合作的社会支持系统和大数据网络动态预警,构建对学生具有生命意义教育引导的多级预警防御机制,并将关注重心更多倾向于培养具有积极乐观心理的学生,增强大学生心理危机的防御能力,努力寻求减少与化解大学生心理危机的策略,从而有效提升大学生心理危机干预的主动性和实效性。

### (一)目标与定位

将心理危机干预重点放在心理健康群体和心理危机个体良好的心理状态方面,用积极的心态解读心理现象,激发其内在的积极力量和优秀品质,加强对学生具有生命意义的教育与引导,对学生进行健康人格特质的培养,从某种程度上增强学生的自信心和主观幸福感,帮助个体成长和自我实现,构建积极向上的育人环境,这也是心理危机干预的有效途径。

### (二)内容与要求

把培养个体积极乐观的态度,塑造健康人格的内容体现在人才培养方案的课程体系和心理辅导中,激励人本身的积极因素,通过开发人的潜能,激发人积极的心理力量,让其学习方式和生活方式、思维方式都发生一定的变化,培育出个体积极的心理品质,让个体拥有健康平和的心理状态和合理的思维模式,从而促进大学生群体的身心愉悦和健康成长。

### (三)方法与途径

1. 构建心理危机"四级"预警防御体系

为了能够及早预防、及时、有效地干预并快速控制心理危机突发事件,要建立健全学校心理中心、院系心理辅导站、班级心理委员、宿舍联络员四级预警防御体制。实施异常情况逐级汇报制度,完善应急处理预案,建立应急处理快速通道,形成信息搜集、评估、反馈、防治的心理危机干预机制,降低、减轻或消除可能出现的对他人和社会的危害。

2. 思政与心理危机干预联动的"三观"正向引导

世界观、人生观和价值观统称为"三观"。大学生处于塑造"三观"的关键时期,学校应该充分利用思政课程贯穿所有学期的契机,加强对学生的"三观"教育,培养学生平和的心态、乐观的性格、坚毅的意志品质、豁达的人生态度与正确的自我归因,帮助危机中的个体走出困境,提高其心理健康水平,塑造健康人格,为他们的健康成长奠定坚实的思想基础。

3. 人才培养方案与全员育人课程整合的生命教育辅导

在大学生心理健康教育、大学生性与心理健康、大学生职业生源规划、大学生安全教育和大学生思想政治教育等课程中加强对生命意义教育的引导，培养学生健康的人格。人才培养方案与全员育人导师制实现无间隙的课程整合，培养大学生积极的心理品质、积极的人格特质、积极的情绪体验和积极的生活态度，通过个体自身的积极力量来面对生活中的问题，提升个体心理健康水平。

4. 构建基于社会支持系统的家校共同体提升学生积极心理品质

良好的家庭、学校和社会环境能够提供积极的心理氛围，面对突发事件能够有效地引导学生积极乐观地面对挫折，帮助学生解决心理上的困惑和烦恼，从而激发自身内在的积极力量和优秀品质，能够有效预防心理危机的发生。

5. 捕捉基于大数据的心理危机信息网络动态预警

信息技术的普及和发达使电脑和手机变成大学生必需的学习和生活工具，学生在门禁系统、图书管理系统、食堂用餐管理系统、学生考勤系统、学生学籍管理系统、微信、微博、QQ、网络购物等活动中产生很多反映个性、情绪变化的实时心理资料，这种方式提供了一种网络动态预警机制，为分析其是否需要进行心理危机干预提供更精确的依据。

总之，大学生心理危机干预中引入积极心理学，建构培育积极乐观态度和积极心理品质的心理危机干预机制能够有效防止大学生极端心理危机事件的发生，构建美好和谐的校园。

# 第四节　浅谈积极心理学视野下的大学生心理健康教育

随着社会经济快速的发展，传统性心理健康教育模式已不能适应大学生复杂多变的心理发展需要，在积极心理学视阈下的心理教学模式中，它放弃了这种倾向在传统教育模式中过分重视心理问题的消除，比较注重培养大学生积极心理素质，并且致力于充分挖掘学生的潜能，促进大学生心理全面发展。

在当前社会发展形势下，学生心理问题引起了人们的高度关注。对大学生来说，他们的心理承受能力比较脆弱，容易在心里产生一些消极因素，不仅会影响到自身今后的发展，还会影响到社会的和谐与稳定。因此，加强高校心理健康教育对自身与社会来讲都具有十分重要的意义。然而，针对大学生心理健康教育工作的现状来讲，过度关注学生的消极心理因素，主要是为了从消极心理的角度上正确培养学生的心理价值观。因此，才会忽视了积极心理学的作用[1]。积极心理学作为学生心理健康教育最为重要的一部分，可以从积极心理学方面来创建学生心理健康教育活动，培养学生的积极性，引领学生全面发展。

## 一、大学生心理健康教育现状

在传统教学模式下，大学生心理健康教育过分强调学生在学习和生活中所出现的困惑，并将其作为大学生心理健康教育的初始点，忽视学生积极的心理素质，主要是为了防止学生心理产生障碍，从而导致心理健康教育目的不够明确，严重时学生会产生不良的心理暗示。

在传统性心理健康教育中，教师比较重视的是大学生的心理障碍，而不是学生的积极心理素质，在研究大学生的心理健康教育时，心理教师没有全面考虑与了解到整体学生心理的变化，教师往往是对学生心理障碍直接进行攻击，在某种程度上削弱了学生的自尊，使学生产生叛逆心理。心理产生障碍，这样不利于高校发展心理健康教育活动，如强加开展相关活动便会产生负面影响。

心理健康教育功效有所弱化是大学生心理健康教育存在的主要问题之一。从当下的状况中可以看出，大学生的心理健康教育主要表现在学生的情绪、想法以及视野等方面，忽视了学生的良好发展方向，在老旧、传统的心理理论教学模式中，积极的心理体验活动环节没有得到应有的重视，以此导致心理健康教育模式比较片面，不利于高职院校开设心理健康教育活动。

## 二、大学生心理健康教育结构

在高校实施大学生心理健康教育模式是为了营造和谐、美好的校园环境，积极培养大学生优良品质与技能，提出预防和解决大学生心理问题是给高职实施心理健康教育设计与评估教学效能奠定基础工作。

高校心理健康教育模式中主体有执行者与受影响者。执行者主要包括心理教师、心理辅导员、班级负责人与其他专业教师。与此同时，与大学生接触的人员在某种角度上会严重影响大学生心理健康，例如大学生接触的同学、家人、工作人员、视频、电影等人员，而受影响者便是高职院校中的大学生。

心理健康教育的基本对象是心理健康教育模式中的心理问题、影响因素和教育策略。心理问题包括潜在的心理问题、内在的心理问题以及实际的心理问题。在高职院校中实施心理健康教育模式是为了减少或消除各种因素给学生心理带来不良影响，充分使用积极心理学实施心理健康教育，为学生营造和谐、美好的校园生活，有利于高校的未来发展，并且也可以促进学生心理健康发展。

在高校实施心理健康教育模式是为了消除与预防不良因素影响大学生的心理，以此来建立和完善健康的心理和人格。对大学生而言，自身必须要具有多种基本功能与存在的价值。第一，可以有效地帮助大学生解决心理出现的问题；第二，防止大学生心理产生障碍；

第三，在高校中，积极提倡积极性心理健康教学观念；第四，有效调节大学生心理问题。自主调节心理问题是最有效、最可靠的办法，这也是实施心理健康教育模式最终的目的。

## 三、积极心理学下的健康教育

在传统性心理健康教学模式中，心理教师只注重学生的消极心理，通过有效的心理辅导与教育来预防和纠正大学生的消极心理。积极心理学作为心理学领域中的新内容，它不仅可以治愈学生心理障碍，还可以防范与消除不良心理因素，为心理教育提供有效的解决措施，并且还能激发出学生的自主防御能力。因此，在大学生心理健康教学中，心理教师应当意识到积极心理学对大学心理健康教育的重要性，重视培养学生积极心理素质。在心理教学课堂上，心理教师应根据学生的喜好与兴趣点来选择一些积极的心理素质书籍与视频，以此来引导学生正确面对自己。同时，心理教师可以多组织一些爱心活动，来培养学生帮助他人与奉献精神，从而推动学生全面发展。

从积极心理学教学模式来讲，举办相关的活动来培养学生的积极心理素质，只有亲自体验，才能提高学生积极心理品质，才能起到促进作用。从前，在高职院校实施心理健康教育时，心理教师在设置教学环节时并没有设计实践环节，没有带领学生参与到实践体验中，导致大学生缺乏相关的认识，影响了学生的学习效果。因此，要想使大学生能过得到全面发展，心理教师在开设相关课程与设计教学内容时，教师应让每一位学生都参与活动其中。在实践的过程中，让学生积极关注自己的心理发展经验。例如，在高校心理健康教学的过程中，心理教师可以应用自助教学法让学生得到深刻的体验。在自助教学模式中，心理教师应提出与心理相关的问题，让学生自主思考与分析问题的答案，让学生带着问题进行相关的分析与研究，可以让学生在研究的过程中掌握书本上没有的知识点。与此同时，在研究的过程中，还可以激发出学生对学习的兴趣，使学生学会掌握心理加工技巧与方法。

在本校中，实施大学生心理健康教育的目的是预防和纠正学生的消极心理。对大学生进行心理健康教育渠道是从消极心理方向进行深入研究，因此，在大学生心理健康教学的过程中，教学内容的设计比较前面，没有明确的主体。但主要是让学生意识到消极心理带来的负面影响与危害，以及相关的解决措施与预防的模式等，而内容中所设计到的积极心理学教育内容较为少见。但这并不对削弱积极心理学在大学生心理健康教学中的地位。为了有效促进大学生心理健康教育的进展，高校应该根据自身的发展状况开展积极心理学课程。一是完善当下的心理教学题材，丰富心理教学内容，根据高校上课的时间段合理安排上课使用的时间；第二，在心理健康教学中融入积极心理学，给学生多看一些带有积极性文章，比如，如何在实践中体验到动手的快乐与幸福？如何使自己健康？如何保持长久友谊？如何有效处理人际交往等，通过更好地发挥积极心理健康教育的作用，培养学生积极的心理素质。

积极心理学克服了研究个体层面的缺陷,指出人的内在积极力量与外在因素有关。过去,大学生心理健康教育模式往往忽视了外部环境的健康,影响了大学生心理健康教育的效果。从积极心理学的角度看,为了提高大学生心理健康教育的有效性,学校应创建良好的校园环境,通过环境影响学生,挖掘学生自身的潜在价值。第一,学校要加强校园人文建设。在高校校园文化建设中,应该不断满足学生日益增长的精神文化。为大学生体育发展创造良好的文化环境。第二,营造良好的社会氛围,引导学生正确认识社会,组织学生进入社会实践。培养积极的心理社会实践中的逻辑品质。

总之,重视大学生心理健康的发展是高校教学中最为重要的内容,是每一位教育家需要肩负的责任,这对学生与社会的未来发展都具备着非常大的影响力。目前,大学生的心理健康教育主要是从消极方面对学生的心理进行预防与纠正,因此在心理教育方面缺乏针对性,并且也忽略了积极心理学教育模式。积极心理学作为心理教育中的一部分,在大学生心理健康中起着重要的作用。从积极心理学的角度上来讲,学校与心理教师应正确意识到积极心理学模式,并开设积极心理健康教育课程,完善心理健康教学模式,创建一个良好的校园环境,以此来促进大学生心理健康教育的有效发展,形成积极的心理素质,为今后的人生发展道路奠定基础。

## 第五节 积极心理学视角下的大学生心理健康教育探索

我国大学生的心理健康状况不容乐观,当前心理健康教育存在许多问题,除了师资力量严重不足和课程设置不够完善等客观问题外,更为重要的教育理念的落后。积极心理学引入中国后,不少研究者以它为指导开展心理健康的干预研究,效果显著,为大学生的心理健康教育提供了全新的视角。

### 一、我国大学生心理健康现状不容乐观

早在1989年,国家教委对全国12.6万名大学生进行抽样调查,结果发现20.23%的大学生有着不同程度的心理障碍。之后的许多学者也不断地对各种大学生群体进行心理健康的调查,何瑾(2007)等人的研究表明:西部高校贫困大学生的心理健康水平和主观幸福感水平较低,负性情感较多等。张秀梅(2007)使用《症状自评量表》SCL-90对福州大学2004级共4148名大学生进行了心理健康状况调查,结果显示:六成多的大学生存在不同程度的心理问题,通过与福州大学1992级的纵向比较,显示大学生的心理健康问题呈严重化趋势[3]。郑洪波(2009)等人通过对三峡大学2007—2008年637例心理咨询案例对比分析,发现大学生的心理健康现状不容乐观,尤其是神经症、人际关系、恋爱与性等问题,建议社会加大对大学生心理健康的关注和干预力度。宋海燕等(2016)对湖南省

衡阳市南华大学 800 名 90 后在校学生使用《症状自评量表》SCL-90 进行问卷调查，结果显示：南华大学学生心理健康检出率为 22.63%，其中强迫、抑郁、焦虑、偏执、人际关系五项因子得分显著高于全国青年组 SCL-90 常模（$P < 0.01$），说明 90 后大学生心理健康水平较差。

## 二、我国大学生心理健康教育问题显著

大部分研究的结果都表明我国大学生的心理健康状况不容乐观，而福州大学的纵向研究更显示了我国大学生心理健康状况有恶化趋势，这也反映了我国大学生的心理健康教育存在的诸多问题，例如领导层面的重视不够、师资力量严重不足、课程设置不够完善、干预手段较为单一等等。

随着国外积极心理学运动的兴起，一些知名学者开始意识到我国心理健康教育的根本问题在于理念上的落后，一直以来重个别，轻全体；重问题，轻发展；重治疗，轻预防，而从积极心理学的角度来开展大学生心理健康教育将成为未来的新方向。

## 三、积极心理学思潮下的心理健康教育新理念

### （一）积极心理学的产生

1996 年，Seligman 以高票当选了美国心理学会（APA）的主席，他认为："当人类还受制于饥饿和战争的时候，心理学的主要任务应该是抵御和治疗创伤，但在和平时期，心理学的主要使命则是使人们的生活更加幸福。"在 1998 年的美国心理学年会上，Seligman 提出心理学的研究不应只针对病态心理，关于人类幸福和美德的研究也具有非常重要的意义，比如积极的情绪情感、积极的人格特质和积极的团体和社会制度。其实，积极心理学并非新的学科和流派，而是融合了各种心理学研究成果，并使用心理学现有的科学方法和技术，去研究幸福这一人类终极目标的一股新思潮。

### （二）积极心理学对心理健康的看法

心理学在心理健康领域的最初发展，与人类对自身心理疾病和精神疾病的关注密不可分，这也使得心理健康领域在很长一段时间都沿袭了医学的思维模式——把病治好就代表着健康，这也导致心理学界对抑郁和焦虑等心理疾病的研究远远多于对幸福感和美德的研究。然而，随着和平年代的到来，质疑声开始响起，没有心理疾病就代表着心理健康吗？积极心理学家们提出了心理健康的更高标准——适应环境的同时不断去追求幸福感和感受幸福感。

### （三）积极心理学对心理健康预防的看法

在如何预防心理问题方面，传统心理学的预防观是针对成员外部环境的不良影响而采取措施，并且从外部制定规章制度，期望用这种方式来预防问题的产生。积极心理学认为：发掘人自身已有的优势和心理力量非常重要，相比治疗或改进个体自身的缺陷和弱点而言，能产生更好的预防效果，在预防工作中应该着重帮助个体发现和利用自己的优势和心理力量。人类自身存在着很多可以抵御各种精神疾病的力量，比如，爱心、意志力、勇气、乐观、智慧和希望等等。

### （四）积极心理学对心理治疗的看法

积极心理学认为：在治疗中，心理咨询师应通过帮助来访者增加对自身性格优势和美德的认识，鼓励并引导来访者使用自己的这些优势和美德去解决各种问题，获得更多的自信和价值感，产生积极向上的情感。与传统的心理治疗强调消除症状不同，积极心理学的治疗观与预防观一脉相承，强调通过调动来访者自身的优势和力量，当这些优势和力量开始系统化地运转的时候，心理问题和症状就会自然消失。

### （五）积极心理学对大学生心理健康教育目标的看法

综合积极心理学的心理健康观、心理治疗观和心理预防观。大学生心理健康教育的目标应该是帮助个体发现和建立自身的优势和美德，从而获取积极体验并更好地适应环境。发现的本质是增强觉察力，使个体关注到自己生命中的积极面，产生幸福体验；建立则是通过积极行动，去追求自己的目标，克服困难，体验对生活的掌控感，从而建立自信，自信心可以让人充满希望，进入良性的循环当中，从而更好地适应生活，保持心理健康的状态。

积极心理学认为全人类共通的优势和美德包括：智慧、克己、仁爱、公正、勇敢和超越自我，而如何在大学生中培养出这些优势和美德将成为大学生心理健康教育的重点与难点。

## 四、积极心理学对心理健康干预的现状

随着积极心理学的思想传入我国，不少研究者在积极心理学的视角下开展了心理健康的干预研究。何瑾、樊富珉的研究发现，以积极心理学理念为指导对贫困大学生的心理健康状况进行团体干预，效果显著；俞晓歆、耿文秀等人对上海市某强制隔离戒毒所的戒毒人员开展了以积极心理学为理论基础的团体心理辅导，效果显著；黄文倩和张蓉等人的研究发现，积极心理学取向的团体辅导能改善研究生心理健康状况，降低其负性症状和知觉压力水平，提高其自我接纳程度，李英研究发现，积极心理学取向的团体干预对大学生的主观幸福感的提高效果明显。

这些研究都在某种程度上肯定了积极心理学视角下心理健康干预的有效性，但是在具

体操作实施上，存在以下问题值得进一步完善。首先，诚如吴波、黄希庭（2013）所指：部分干预研究由于缺乏相应的理论作为指导，因而系统性、针对性不足，干预方案与干预目标之间的因果联系不强；其次，干预以团体辅导为主，但团体辅导大多在数月内完成，时间不长，但干预的项目过多，例如人际关系、情绪调控、自我概念、思维方式等等，而这些心理资源中的任何一项都需要长期的干预才能发生本质上的改变，因此效果很有可能因此受到影响；最后，大多数团体辅导在招募对象的时候已经说明干预目的，而且评价手段大多数是自陈式问卷，因此难以避免被试为迎合组织者而使测试结果产生偏差。

2004 年 8 月，《中共中央国务院关于进一步加强和改进大学生思想政治教育的意见》中指出："开展深入细致的思想政治工作和心理健康教育，要重视心理健康教育，根据大学生的身心发展特点和教育规律，注重培养大学生良好的心理品质和自尊、自爱、自律和自强的优良品格，增强大学生克服困难、经受考验、承受挫折的能力。"这与积极心理学通过培养积极心理品质来增强大学生心理健康水平的理念不谋而合，我国的许多研究者也不断地通过实证研究在探索有效的积极心理干预训练，希望能切实提升我国大学生的心理健康水平，虽然已经取得一定成效，但是还有许多问题需要解决。总之，提升我国大学生的心理健康水平，积极心理学任重而道远。

# 第九章　积极心理学下大学生心理健康教育模式研究

## 第一节　互联网时代大学生心理健康教育创新模式研究

　　心理健康教育是大学生教育的重要内容。进入互联网时代，大学生的心理健康教育也必须与时俱进，与当前的大学生学习特点相吻合，才能更好地发挥心理健康教育的作用，提升大学生的心理健康教育素质。大学生作为我国的未来，在互联网环境下，由于各种思想的侵蚀，在思想价值观念方面普遍受到了影响，进而对于大学生群体的心理健康带来了显著改变。在这一形式下，想要提升大学生心理健康教育成效，必然需要对大学生的心理健康教育模式进行创新。

### 一、互联网时代大学生心理健康现状

　　大学生作为我国社会主义建设的接班人，其心理健康与否不仅关系到个人的未来发展，同时也关系到国家的未来发展与建设。就当前大学生群体的心理健康状况来看，随着进入互联网时代，信息呈爆炸式出现，各种信息五花八门向大学生这一群体扑来，这对于大学生群体的心理健康状况带来了显著影响。整体来看，互联网带来的多元化信息，使得大学生群体的价值观念也呈现出一定的多元化特征，社会主义价值观念出现动摇。而在个体方面，大学生的自我意识、人格特征等也都表现出一定的改变，网络化特征已经较为明显。

### 二、互联网时代大学生心理健康的影响

　　互联网时代对于当代大学生心理健康带来的影响具有一定的积极性。首先，借助互联网工具，大学生能够与远在千里之外的父母、同学和朋友等进行在线沟通与交流，因而更加便捷，每当自己遇到心理问题时，可以及时向自己的同学好友倾诉，有利于大学生养成健康的心理；其次，伴随着现代互联网的发展，功能越来越广泛，比如各种论坛、APP软件等，为大学生心理压力的释放提供了一大途径，大学生可以通过网上冲浪释放自己的心理压力。最后，借助互联网，大学生可以便捷地进行购物，能够为大学生节省更多的时间，从而提升大学都会的时间利用效率，这样大学生便有更加充足的时间从事自己的兴趣爱好

和专业课学习，这对于促进大学生心理健康的成长也具有积极作用。

互联网就像一个大染缸，汇集了世界各地五花八门的信息，这些信息对于大学生的心理健康成长有积极的影响，当然也有消极的影响。最为直接的表现便是，当前很多高校的大学生都沉迷于网络游戏不能自拔，甚至很多大学生因为沉迷网络游戏而荒废学业，最终退学。由于我国教育体制的影响，在大学生群体中普遍认为大学就是享受的天堂，因此完全放飞自我，将主要的精力都放在了学习以外的地方，在万千的互联网世界中迷失自己，找不到正确的方向；其次，在互联网时代下，很多大学生受到互联网的功利思想影响，致使个人的思想变得功利化，不论是在学习上，还是在生活中，总是将个人利益放在最重要的位置，集体主义丧失，国家观念淡化，这对于当代大学生的心理健康成长带来十分不利的影响。

## 三、互联网时代大学生心理健康教育创新模式

在互联网时代，要提高大学生心理健康的教育成果，必然需要对当代大学生的心理健康教育模式进行创新。对此，在未来的大学生心理健康教育过程中，可以借助互联网这一广阔的平台，积极扩大对大学生心理健康教育的辐射面，从而切实提升大学生心理健康教育成效。互联网能够将各种资源进行有效整合，因而在当代大学生心理健康教育中，可根据学校的大学生心理健康教育开展情况，对各类资源进行整合，从而形成专业的大学生心理健康教育团队，对各高校的大学生心理健康状况进行动态评估，及时发现大学生群体中存在的心理健康问题。然后，结合观察到的一些心理健康教育问题，借助互联网对大学生进行积极的心理咨询，扩展心理健康教育的辐射面，真正提升大学生心理健康教育成效。

互联网实现了各校各类心理教学资源的有效整合，因而在互联网时代，开展大学生心理健康教育就要充分利用高效的这些网络资源，从而针对各高校大学生的心理健康状况进行专业评估与教育，切实提升大学生的心理健康教育成效。比如，可以利用高校的心理健康网络教学资源，结合大学生心理健康现状，开展针对性的心理健康教育讲座，由此帮助当代大学生了解心理成长发展的规律，掌握自己的心理健康状况，就能够根据心理状况改变进行针对性的调节，从而提升心理健康水平。此外，借助互联网这一工具，还可以将心理学专业的专家老师组织起来，通过构建在线平台，让专家学者定期诊断大学生的心理健康状况，由此利用专业教学资源，提高大学生心理健康教育成效。

互联网的特征之一便是通过整合各类信息资源，形成一个公共平台，满足各种需求人群。所以，在互联网时代的大学生心理健康教育，要充分利用互联网的这一特征，构建心理健康教育平台，根据大学生的心理健康需求，丰富该教育平台的各项功能，针对大学生进行心理健康教育，从而切实提升大学生心理健康教育成效。通过借助互联网，构建大学生心理健康教育平台，实际上起到一种综合的教育效果。比如通过该平台将高校的各类资源整合在一起，实现资源的优化利用；同时，加强高校大学生心理健康教育师资队伍建设，

提高心理健康教育水平。同时，积极利用互联网上的视频、音频等教学资源，真正提升大学生心理健康教育水平。

在互联网时代，大学生的心理健康状况也体现出多样性变化，这对于高校大学生心理健康教育模式提出了更高的要求。对此，本节结合互联网时代大学生心理健康状况，对于如何在互联网时代创新大学生心理健康教育模式进行分析，希望以此提升我国高校大学生心理健康教育水平，并促进大学生群体心理健康成长。

## 第二节 积极心理学视阈下大学生心理健康教育创新模式研究

大学生心理健康教育是高校学生工作的重要组成部分，随着时代的发展，传统的大学生心理教育模式已经无法适应大学生心理发展的需求，高校要充分认识创新心理健康教育模式的必要性和紧迫性，加强对新模式构建的理论和实践探讨，切实推进大学生心理健康教育的全面发展。

20世纪末西方积极心理学思想，以全人类的发展和幸福为目标，改变传统只关注生命问题的修复，转向为同时建立美好的生命品质，强调对大学生健康积极的性格、气质与能力进行培养，充分开发大学生潜在的能力，促进大学生尽可能地发展自己，实现大学生心理健康和谐发展。

### 一、大学生心理健康教育模式的基本结构

大学生心理健康教育模式是指营造和谐的大学校园人文环境，培育大学生良好的思维品质和能力，构建预防、解决大学生心理问题的基本目标、方法、机制和路径，是高校实施心理健康教育的顶层设计和评估高校心理健康教育成效的基本标准。

#### （一）基本主体

高校心理健康教育模式的基本主体是实施者和受动者，实施者主要包括心理学教师、高校辅导员、班主任以及其他专业课教师。此外，大学生经常接触的同学、亲朋好友和崇拜的影视明星等，也有很大程度影响着大学生心理健康，受动者是指高校全体在校大学生。

#### （二）基本客体

基本客体是指心理健康教育模式中的心理问题、影响因素及教育对策，心理问题主要包括潜在的和即将出现和实际存在的心理问题，构建心理健康教育模式基本目标是减少和消除各种不利影响，充分调动各种的积极因素，形成有利于大学成长的和谐氛围，促进心理健康。

## （三）中介系统

中介系统是指大学生心理健康教育模式所运用的各种媒介、手段和方法，主要包括四个方面：第一，组织结构，主要是指大学生心理健康教育模式的领导、教学和日常管理机构；第二，师资队伍，主要由心理学教师、心理咨询师、辅导员班主任以及其他教育者；第三，教育方法，主要包括应用心理学、教育学、思想政治学以及其他交叉学科的教育方法；第四，教学场所和教学仪器。

## （四）基本功能

大学生心理健康教育模式的基本功能是消除并且预防心理问题，建立健全大学生健康的心理和人格。它必须具有四方面的基本功能和意义，其一，能有效解决大学生当前的心理问题；其二，预防学生可能存在的心理问题；其三，倡导心理健康积极理念；其四，实现自我心理调节。实现大学生自我心理调节是预防和规避大学生心理问题的最有效、最可靠的根本途径，也是心理健康教育模式的终极目标。

# 二、积极心理学视域下创新大学生心理健康教育模式的基本原则

## （一）全方位系统原则

高校心理健康教育应该从全方位创新与本校学生实际情况相适合的教育模式。一方面，大学生心理健康教育需要紧密联系学生实际，发挥其教育的独特针对性功能；另一方面，大学生心理健康教育要及时获取其他兄弟院校以及相关社会机构的支持和帮助，构建相互支持和优势互补的良好教育格局。

## （二）理论结合实践原则

创新大学生心理健康教育模式要坚持理论结合实践原则，注重分析具体心理辅导和教学过程，并运用相关的理论指导教学实践，再通过实践活动检验相关的理论，进而完善理论。

## （三）以学生为中心原则

高校应以学生为中心，创新大学生心理健康教育模式，是指在具体的教学过程中，要充分发挥大学生的主体作用，尽可能调动他们积极主动性。具体表现为：教育者要尊重大学生的个性和理念，主动关心学生，加强彼此的交流与沟通，切实为大学生的健康成长保驾护航。

## （四）可持续发展原则

可持续发展原则就是以大学生为中心，结合大学生身心发展规律运用科学合理的教育

措施，全方位提高大学生心理素质。因此，大学生心理健康教育要注重提升大学生的认知能力，完善大学生的情感、个性品质以及社会适应性等方面，切实保障大学生心理健康可持续发展。

## 三、积极心理学视域下创新大学生心理健康教育模式的有效路径

### （一）形成积极的心理健康教育理念

大学生心理健康教育理念指高校教育者对大学生心理健康教育的根本认识和态度，决定了其教育价值取向与目标追求，从而直接影响并制约了心理健康教育的成效。传统的心理健康教育理念认为，人类的心理是被动的，人的心理容易受周围环境或本能的影响和控制，它侧重于阻止心理问题的发生，从而达到预防的效果。积极心理学则认为，过多关注心理负面特质并不利于心理健康，而更应该发挥人的潜能和积极因素，培养积极的思维，因而大学生应该充分展现出自身的优势，拥有更多积极品质，依靠自身力量主动促进心理健康发展，从而最终塑造积极人格。诚然，治疗性咨询是大学生心理健康教育必不可少的一部分，但是从长远来看，从根本上提高大学生心理健康水平，消除心理问题隐患，大学生心理健康的预防性教育显得更为重要。因此，大学生心理健康教育应该将重心从咨询治疗向预防教育转变，凸显大学生心理健康教育的全面性和有效性。

### （二）加强大学生心理能力训练

大学生心理能力训练，是在心理健康专业教师指导下，大学生自觉主动对心理状态与行为进行自我调控，提高自身认知、情意、意志以及人格等方面的心理素质。通常包括团体成员的社团活动、心理拓展、潜能训练和团体讨论等等。

首先，要培养大学生的积极情感体验，积极的情绪情感能够帮助大学生形成健康的心理状态，教育工作者要善于引导大学生发现学习生活中的趣事，激发大学生的积极情绪体验，保持积极乐观的心态，提升大学生的心理抗压能力，增强其幸福感，促进其全面发展。

其次，要培养大学生积极的人格倾向，大学生的人格倾向直接影响着他们看待事物的态度，甚至在一定程度上决定了他们的人生观和价值观。因此，积极心理学视域下的心理健康教育需要注重培养大学生积极的人格倾向，帮助他们用轻松有趣的方式处理问题，以积极的心态应对生活和学习中的困难和挫折，保持自信、乐观和豁达的生活态度。

### （三）指导大学生心理朋辈互助

大学生心理朋辈互助教育模式是心理健康教育一种极为重要的教育模式，是指受过一定专业技能训练的心理互助学生，在专业心理教师的指导下，深入同学当中开展心理互助活动。例如高校通过设立班级心理委员，经常性举办学生心理沙龙，建立大学生心理互助讨论群等，很好地促使学生进行深入的心理交流，引起思想和情感高度共鸣，调动学生的

生活热情和积极主动性，实现心理健康的自助和互助。因此，高校要建立大学生心理朋辈互助工作机制，提供一定的经费保障学生心理互助活动顺利开展，并安排心理专业教师定期对参与互助的学生进行心理健康知识和技能培训，确保心理朋辈互助活动取得预期效果。

## （四）开展社会实践渗透式心理健康教育

社会实践是将心理健康教育知识转化为个体心理品质的中间环节，可将心理健康教育工作渗透到社会实践。大学生通过参加各种校内和校外的社会实践活动，加深了积极的情感体验，锻炼了应对困难的能力和意志，提高了心理健康水平。大学生社会实践活动丰富多彩，比如观摩心理健康影视、慰问敬老院、关爱残障儿童、爱心捐助、三下乡以及开展阳光户外拓展训练营等。此外，教师在课堂教学中，也可通过组织趣味课堂活动，如个人分享、集体讨论、角色扮演等，让大学生有更多展现自我和交流、沟通的机会，激发他们的主动的参与意识，大学生可从中充分"感受"和"体验"生活，增强相互理解与包容，建立起大家所认同和接受的理念与价值，促进大学生的自我认识，从而优化心理品质。

## （五）构建积极向上的校园组织系统

大学校园作对学生的心理健康培养起着至关重要的作用，心理学研究证明，优美的校园环境可以使人赏悦目，潜移默化地优化学生的个性心理品质，产生积极向上的情绪体验，有效促进心理健康。因此，学校应该重视大学校园环境的建设，营造有利于大学生心理健康发展的校园环境，尤其良好的校风学风建设，例如轻松和谐的校园氛围，有利于大学生形成积极向上的情感体验；丰富多彩的校园文化活动，充分发展学生特长和能力，促进了大学生互相帮助和融洽的人际关系，培养学生奋发图的进取精神和集体凝聚力、荣誉感，形成健康的心理和人格。因此，高校要重视校园环境的建设，努力营造有利于大学生健康成长的校园文化氛围，不断陶冶大学生的思想品德情操，净化其心灵，促进心理素质的健康协调发展。

# 第三节 积极心理健康理念下的大学生心理健康教育教学模式的应用研究

心理健康教育课程是以促进大学生心理品质的提升，预防心理问题的发生，使其身心灵和谐发展的教育教学活动。其课堂教学模式必须在遵循一般教学规律的基础上，导入先进的教学思想和教育理念，运用现代教育技术，以突出心理健康教育内容的特殊性进行构建，重视教学活动中学生的主体性，强化学生对教学活动的主动参与，以实现心理健康教育的良好教学效果和积极发展的教学目标。

本研究以在大学生心理健康教育课程内容中导入积极心理学相关理论及应用为导向，

对大学生心理健康教育教学模式进行探讨。

## 一、导入积极心理健康理念的目的和意义

习近平总书记在党的十九大开幕式的讲话中提出："要加强社会心理服务体系建设，培育自尊自信、理性平和、积极向上的社会心态。"这种正向引导和积极发展的理念对高校大学生心理健康教育课程的建设和改革具有开宗明义的指导意义。

相比于其他课程内容而言，大学生心理健康教育课程的教学内容和教学方式都比较贴切大学生的生活实际，案例教学和课堂活动等形式也比较能够调动学生的学习积极性。然而，近几年来我们发现，学生的听课热情逐渐下降，对课程的内容不太感兴趣，课堂互动的环节也表现出与自己无关的状态，究其原因主要有以下三点：

第一，随着网络和智能手机的应用越来越发达，各种碎片化的信息充斥着整个社会。大学生在课堂上使用手机的情况已经成常态，严重分散了大学生听课的注意力，并影响课堂教学的秩序和氛围。

第二，智能手机的过度使用使得现在大学生过多地关注外界，对自己缺乏基本的反省和自觉，也意识不到自身的成长需求，相当多的大学生因此失去了学习的动力，荒废了学业。

第三，以往大学生心理健康教育教学的内容和模式，基本把重心放在"诊断和消解痛苦"等问题上，目标是追求心理问题的消解，心理障碍的减少，实际上是针对少数学生的心理消极层面的问题，对大多数学生而言不能感同身受，难以发生共鸣，更无法产生兴趣。

积极心理学是现代心理学研究的一个新领域，其提供了一种新的视角，将关注点放在个体心理健康和良好的心理状态方面，正逐步消解传统心理学过分关注人的消极方面的理念，"倡导重视和构建个人的外在和潜在的积极力量，研究和探讨人的积极品质，发现和挖掘人的潜能，关注人类的生存与发展"[2]，是以促进个人的自我实现、群体以及整个社会的完善发展为宗旨的科学。

积极心理学的兴起是对传统心理学理念与内容的一种补充与完善，其意义在于不仅给人类提供了看待问题的新思维和新的方法，还作为心理健康教育研究的一种新的思潮，进入我国现代心理健康教育的重要研究领域。

## 二、教学模式研究的基本内容

本研究是在积极心理健康的理念的指导下，以增强学生积极的情绪体验和培养学生的自尊为主要内容，研究如何在课堂中创设积极体验的教学情境，引导学生在体验中学会觉察其消极的情感对自身的不良影响，转变其错误的认知，并认识课程内容对身心发展的作用，培养学生发展、享受并运用积极的情感，形成积极人格特质。具体内容如下：

在教学中突出积极心理品质的发展之内容，以引导学生对自身的积极人格特质进行探索，培养他们的乐观心态与职业能力，能具有挑战困难的勇气，主动发展出交往技能，懂

得爱与宽恕，挖掘自身的创造性、天赋和智慧等；同时运用团体动力学的原理引导学生在群体层面自主形成积极的组织系统，创造良好的团队氛围及社会环境，以促使学生个体发挥其人性中的积极品质，例如对自己、他人和社会的责任感，在照顾好自己的前提下能具备利他的意识和行为，举止文明、坚忍不拔，能在未来的职业生涯中重视职业伦理等。

在课堂活动中强调主观层面的积极情绪体验并加以训练，以帮助学生提升主观幸福感、生活满意度、自尊自信、乐观希望等，学会用一种更加开放、欣赏性的眼光去看待自身和处境，并理解自身的潜能、动机和社会适应的能力。

导入和强化心理问题的积极预防观，引导学生正确认识心理问题的发生和发展机制，懂得运用积极再定义的方式去看待自身的心理问题，并且能够运用自己人性层面的积极力量和美德来有效地预防各种心理疾病的发生。

## 三、教学模式的建构与实施策略

积极心理健康理念下的大学生心理健康教育教学模式的建构就是根据大学生的身心发展特点，以其内在的向善性为价值取向，运用具有积极导向的教学内容、方法和手段，以培养学生个体的积极心理品质为抓手，预防各种心理问题的发生，促进大学生身心和谐及全面发展，既继承和借鉴经典心理健康教育模式的经验，又结合积极心理学研究的发展趋势，构建起积极心理健康教育的基本体系。

本研究的实施策略则是运用对分课堂的形式将"积极体验式"教学模式引入到心理健康教育课程教学中，通过发挥该模式中的学生参与讲授和主导教学过程和结合自身实际解决心理问题为导向的功能，将以往的心理健康教育课程教学的问题取向转化为积极取向，能让所有学生身心投入并受益。

对分课堂中"积极体验式"教学模式的运作是以"认知为先导，情感为体验，活动为载体"的情境教学方式实施，主要思路是"导入情境—强化体验—小组讨论—相互质疑—澄清疑虑—建构知识—回归实践"，具体操作程序是：

### （一）创设情境，启动体验

根据每章节的教学内容选择一些相关案例为蓝本，让学生根据自己生活中的经验和观察进行角色扮演和情景再现，体验感受。

### （二）设计问题，激活体验

教师主导学生按照情景表演的剧情提出问题，并鼓励他们对这些问题进行思考，激活他们的内在情感体验。

### （三）交流感悟，升华体验

以小组为单位进行分享和交流，让每个学生都发表自己的感受和想法，使他们了解到彼此的差异，激活正向体验，最终达成共识。

## （四）评价反思，践行体验

教师运用心理学的原理对不同学生的情感体验进行解释，让学生推己及人，重新建构自己的知识和经验，并能运用到自己的生活实践中。

通过以上操作程序，可以从知、情、意和行等方面提升学生的素质与潜能，使之能有效完成知到行的内化。为了检验此项研究的成效，我们在教改实践中尝试在情绪管理和人际关系促进两个问题上采用对分课堂方式开展体验式教学活动，即把教学过程分离为讲授、内化吸收和讨论三个阶段。讲授的过程以教师讲授课程知识的精髓，来保证其课程内容传递的系统性、准确性和有效性；内化吸收的过程让学生运用一周的时间，通过查阅文献、通读教材、分组讨论等方式来理解、消化该章节的知识点内容；讨论过程则运用启发式教学的手段，保证学生的自主参与性。在这个环节中，学生们以正向情绪表达和积极沟通管理为导向，进行情景表演和分享，极大地调动了学生的参与热情，取得了良好的应用效果。

这种将积极心理健康理念融入体验式心理健康课程的教学模式，能够引导和帮助学生主动构建内在积极的心理表征，将所学到的知识发展成自己的生活智慧，是积极心理健康理念下的大学生心理健康教育教学模式研究的根本目的所在，具有可推广的价值和意义。

## 第四节　积极心理学视角下大学生心理健康教育课程教学设计研究

当前大学生的心理问题频发，大学生心理健康教育课程已成为高校开展心理健康教育和预防心理问题突发的重要手段之一。然而，受消极心理学和传统教学模式影响，该课程存在重理论轻实践、重灌输轻体验、重矫正轻发展、重知识轻能力的问题。因此，如何改革和创新教学设计，使心理健康教育课成为更有助于学生应对心理困惑、改善人格品质、提升心理素质的实用性课程，是高校心理健康教育面临的重要研究课题。与此同时，在反思传统心理学以及学校心理健康教育困境的前提下，20世纪末积极心理学的思潮顺势诞生，旨在倡导用一种积极的态度解释各种心理现象，致力于研究人类的积极品质。积极体验、积极人格、积极的社会组织系统是积极心理学研究的三大支柱，其中积极情绪体验是核心，积极体验中又以主观幸福感的研究最多，在整体上形成了"一个中心三个支撑点"的理论体系。积极心理学的核心思想是心理学研究的关注点应该从单纯的问题取向转移到人类正向品质的研究与培养，通过挖掘人类自身拥有的潜能和力量来达到积极预防和积极治疗的目的。这为更好地组织设计大学生心理健康教育课程提供了新的思路。

## 一、积极心理学取向课程教学设计总体思路

### （一）主张突出学校心理健康教育的教育与发展性目标

根据心理学研究的三大历史使命，学校心理健康教育通常具有三大功能：一是心理健康教育的教育与发展功能；二是心理健康教育的预防功能；三是心理健康教育的治疗功能。其中第一项功能的价值取向是积极的，后两项功能相对消极，目前的大学生心理健康教育课程教学都过于偏重后两项功能，从而忽视了第一项功能，导致大学生心理健康教育课程实效大打折扣。积极心理学倡导关注人的积极方面，主张心理健康教育的目标应该回归到"重培养促发展"上，突出学校心理健康教育的教育与发展功能。

### （二）主张构建学校心理健康教育的积极内容

长期以来，我国的大学生心理健康教育深受传统的消极心理学研究取向的影响，在教学内容设置上过分关注心理问题的预防与矫治，忽视了学生心理潜能的开发和积极心理品质的培养，偏离了大学生心理健康教育应该以教育与发展为主，促进全体学生成长发展的最终目标。积极心理学是在反思传统心理健康教育模式的基础上产生的，并不完全否认消极心理学的作用，只是主张将心理健康教育的着力点从关注消极方面转移到关注积极方面，希望通过积极品质的培养来抵消消极因素的影响。而且积极心理学认为"智慧、感恩、乐观、美德、幸福"等积极因素是人类所固有的特质，在教育教学过程中，如果这些积极的特质被培育与强化，那么与其相对的消极的特质就会改变与消退。我国学者孟万金教授基于积极心理学的理念提出了诸如增强主观幸福感、开发心理潜能、改善学习能力以及完善积极人格等14项学校心理健康的核心内容。

### （三）主张学校心理健康教育实施积极情感教育，增强主观幸福感

积极心理学认为学校心理健康教育普及心理知识固然重要，但最根本的还是要通过培养学生的积极情感，来增强其主观幸福感，塑造其积极的人格品质，发展积极的人际关系，最终让学生养成一种即使在困境面前也能积极寻找积极因素的思维方式，并且内化为一种世界观、人生观、价值观，这样学生才能真正快乐与幸福。

## 二、积极心理学取向的课程教学模式设计

传统的心理健康教育课程教学模式单一与机械，过于重视理论层面的传道授业解惑，学生参与度不够，缺乏亲身体验，更难有情感上的共鸣，未能实现教学相长的协调统一，教学效果比较差。其实学校心理健康教育是学生求知的过程，也是师生情感互动的过程。积极心理学理念下的学校心理健康教育课程应该注重学生的实际体验，通过积极体验式教

学模式不仅让学生学有所获，而且感同身受，陶冶积极情感，增强其主观幸福感。基于此，结合我国学者周华、胡国良等人的研究成果，在人本主义教学思想的指导下，提出了"分享·体验·内化"的教学模式。该模式是一种情境式、对话式、体验式、应用式的活动过程；是师生、生生共享经验、智慧、知识的过程。具体的操作程序分为四步：

创设情境，融入情感。首先教学氛围要安全、积极、平等、和谐，要创设一个信任、融洽的心理安全环境；其次教师要积极情感卷入，用尊重、真诚、热情、积极关注的态度对待学生，激发学生热情与兴趣；最后用图片、故事、心理剧等形式触动学生内心世界，通过感同身受的共情融入情境，感人物所感，思人物所思。

分享与领悟。首先点题，引导分享的主题与方向；其次组织与鼓励，但不评判，让学生彼此交流与情感和思想碰撞；最后实现学生的自我感悟、自我反思、自我探索。

总结与整合。首先，学生代表进行评述总结；然后教师进行整体评述与拓展；再次，学生结合教师的评述与拓展进行新旧知识重构，进一步强化心得体会与能力。

实践与内化。通过布置实践任务与课后作业的形式，把所学相关知识与技能加以应用，通过亲身体验加以内化提升。

## 三、积极心理学取向的课程教学评价设计

学校心理健康教育课程的目的不单纯地在于心理学理论知识的传授和单个心理品质的培养，也不仅仅在于心理问题的矫正，而是在于学生整个心理世界构建，重在整个心理素质的提升和幸福感的培养。所以传统的教学评价方式对大学生心理健康教育课程意义不大且容易误导其组织与实施。在积极心理学思想的指导下，作者认为大学生心理健康教育课程考核方式应该以学生的主观体验为基础，以学生积极参与、自我分析报告、团体心理剧等形式为手段，关注学生积极思维理念的获得、积极人格品质的培养、主观幸福感的形成。具体评价中实施过程评价，评价手段上实行自评、他评及心理品质测量相结合。

# 第五节　积极心理学视角下大学生心理健康教育课程优化研究

心理健康教育一直是各高校相当重视的领域，但目前大学生心理健康课程教育以传统教育为主，教学内容多侧重于心理问题和心理疾病。积极心理学作为目前心理学最为关注的方向之一，其更注重引导人们建立积极的心理模式，目的在于充分挖掘人类自身的潜能。以积极心理学为理论基础对大学生心理健康课程的改革能更好地提高学生的心理素质，增加其自我效能感，也更贴合教育的本质。

## 一、积极心理学的简要介绍

积极心理学是人类心理学发展上的里程碑,在此之前,心理学主要以问题为导向,研究的多为人的心理问题。后来,美国著名心理学家马丁·塞利格曼提出了从人类的积极情绪角度去探索人类心理健康问题的想法,经过不断的研究探索,从此积极心理学诞生了。积极心理学的知识在改善人类心理健康上的作用是巨大的。它从人类积极情绪的角度出发,探索如何使人类从心理上或是精神上感到满足、舒适,再到幸福。因此,利用积极心理学的知识,从积极心理学的视角出发,来对当代大学生心理健康教育课程进行优化是十分有效的。

## 二、高校大学生心理健康现状

大学生的学习生活,在很多人眼里看来,都是比较自由、散漫,没有太多的忧虑和压力。实则不然,大部分大学生不仅有着普通人不知道的学业压力、生活压力等等,例如近几年时常有大学生因为各种压力辍学,甚至想结束自己的生命等等事件的发生。

## 三、高校大学生心理健康教育课程现状

### (一)课程设置具有消极导向

传统的心理学课程通常是以心理问题为导向,比如教授学生相关的心理类疾病的特点及相关的治疗方式和方法。这类教学内容只能帮助学生解决各类心理疾病,对心理疾病起到预防作用。但忽视了教育的本身目的,应该是积极开发学生的潜能。作为心理健康教育更应该是以提高学生心理素质为主要导向,让学生有更好的心理状态来面对以后的人生。

### (二)教学方式相对单一

在高校的心理健康教育课程中,老师们往往比较单一地向学生们讲述心理学知识,告诉学生如果心理方面遇到困难应该怎么做等等。在这样的课堂上,学生缺乏相关性的体验,老师往往也难以引起学生的重视,使得课堂教育效果低下,并没有起到心理健康课程应该有的作用,更不要说提高学生的心理素质。

### (三)课程设置时间短且单一

大多数高校将大学生心理健康课程集中安排在大一学生刚入校时期,但学生在整个大学阶段,不同时期会有不同的问题,这样的课程时间设置缺乏针对性。课程设置相对单一,教授内容缺乏个性,每个学生教授相同的内容,缺乏选择性。

## （四）师资力量缺乏

目前大多数高校，特别是工科院校，专职心理健康老师特别缺乏，一般一所高校配备一到两名心理健康老师，其他大部分属于兼职性质，一般由辅导员或是人文社会科学及思想政治老师担任，这样势必会影响大学生心理健康课程的教学，也同时会影响心理健康课程在学校进行心理健康教育中的有效性。除了师资力量的缺乏，目前师资也缺乏相应的专业培训，积极心理学作为心理学的一大领域，在教学中的运用需要进行不断的专业培训，掌握积极心理学最新的发展动态，有利于心理健康课程的开展。

## 四、积极心理学在大学生心理健康课程中的应用

### （一）以积极心理学理论为基础，重新整合教学目标

传统心理健康课程以心理问题为导向，服务对象有限，有心理问题的学生毕竟是少数的。应改变传统心理健康教育以预防心理疾病为主要目标，立足于积极心理学取向，以培养学生积极的心理品质、发掘学生潜能为目标。在关注有心理问题学生的同时，也要面向全体学生，重视大多数学生心理问题的预防和积极心理品质的培养。

### （二）基于培养学生积极心理品质的教学目标，大力扩展教学内容

改变以往教学内容偏重心理问题、心理疾病类知识的传授，在这样的教学内容中，学生普遍感到比较压抑，不能树立良好的心理健康观念。近几年来，调查结果显示，学生遇到心理上的问题时很少有去心理咨询室找相关老师咨询的想法，更多的学生认为去心理咨询室就是心里有疾病等错误的观念，这或许与消极内容为主的心理健康课程有关。以积极心理学为主导的心理健康课程，应符合大多数学生的需求，以注重培养学生自信心的建立、人际关系的优化以及创新能力的探索为侧重点。这样更加有助于高校学生对于问题的解决以及自我效能感的提升，同时也能更好地帮助学生树立一个科学的心理健康观念。

### （三）丰富教学形式

以往教学形式的单一，老师侧重于知识的传授，学生被动的接受，这样的教学方式和方法，教学效果差，学生主体性差，特别是会降低学生对心理健康课程的兴趣，在接受知识的过程中缺乏积极性。其次，传统的教学方法与校园文化和其他课程资源的融合性较差，不利于大学生人格的完善和心理发展。基于积极心理学理论和大学生身心发展的特点，在教学形式上可以运用体验式的教学方法，强调与学生的互动，设置相关实践主题内容，用丰富的教学方式和方法提高学生的兴趣，增加课程的实用性，真正做到让学生在课程中有所收获。在课程时间和内容的设置上，可以更加丰富其选择性和个性化，扩展教学内容，设置一系列主题，学生可以在大学四年的时间内，根据自己的需求选择相应的主题和上课

的时间，这样更符合心理健康课程的教学目标，对学生的帮助也会更大。

## （四）提高积极心理学教育的渗透效果

高校可以将积极心理学的知识渗透到平时的德育教育、健康教育以及各种学校活动中去。鼓励学生以积极的心态去面对生活、面对学习。通过这些方法，潜移默化地培养学生的乐观心态和热爱生活的精神，让学生利用积极心理学，减轻当代大学生学习和生活的压力，帮助他们找到大学学习生活的乐趣和幸福。

## （五）增加师资力量，完善相应专项培训

增加心理健康专职教师人数，组织集体备课和相应的专题培训，保证心理健康课程的积极心理学取向以及课程在心理健康教育过程中的有效性。

心理健康教育是大学生高校教育中不可或缺的一部分，传统的心理健康教育课程已不能满足目前高校大学生的需求。大学生心理健康教育的真正目的应该是培养学生积极的心理品质，发掘自身的潜能。积极心理学更加关注学生的积极品质的培养，这与教育的本质相同，同时改变传统以消极内容为导向的心理健康课程也能减少学生对于心理健康负面的看法，从而树立科学的心理健康观念。因此，在大学生心理健康课程中引入积极心理学的理论显得尤为重要。高校应当科学有效地利用积极心理学知识，帮助学生培养出积极乐观的心态，从而使学生成为全方面综合发展的人才。

# 参考文献

[1] 况志华，叶浩生．当代西方心理学的三种新取向及其比较 [J]．心理学报，2005（5）：702-709.

[2] 沈壮海．论思想政治教育理论研究的新范式与新形态 [J]．思想理论教育导刊，2007（2）：40-46.

[3] 邱伟光．思想政治教育人文关怀的育人机理探析 [J]．思想理论教育，2009(19)：29-33.

[4] 张雪娟．积极心理学与思想政治教育之间的契合点探究 [J]．中国培训．

[5] 卢丽娟．积极心理学在大学生思想政治教育应用中的思考 [J]．西昌学院学报，2016，(04)：24-27.

[6] 邹生才，苏丽英．思想政治教育对积极心理学的借鉴和利用 [J]．传承，2014，(07)：112-113.

[7] 习近平．把思想政治工作贯穿教育教学全过程，开创我国高等教育事业发展新局面 [N]．人民日报，2016-12-9.

[8] 任俊．积极心理学 [M]．上海：上海教育出版社，2006.

[9] 郭秀兰．高校思想政治理论课教学改革状况的调查与思考 [J]．湖北成人教育学院，2017，23(4).

[10] 顾润生，史品南．注重主体体悟 涵养内化品格 [J]．江苏教育，2020，第 15 期

[11] 郭爱云．基于积极心理学视域的小学心理健康教育改革探究 [J]．考试周刊，2020，第 12 期

[12] 华宝峰．民办幼儿园教师管理的策略研究 [J]．科学咨询，2020，第 11 期

[13] 聂满欣．德育课程与问题解决能力培养 [J]．教育，2020，第 9 期

[14] 郑悦．积极心理学技术在辅导员谈心谈话中的应用 [J]．教书育人，2020，第 9 期

[15] 曹加平．高校积极心理健康教育体系的构建 [J]．江苏教育，2020，第 8 期

[16] 金伟．积极心理学视角下的班级管理 [J]．学周刊，2020，第 8 期

[17] 黎峥，赵小军．积极心理学视域下高职学生职业心理素质提升的研究 [J]．科学咨询，2020，第 7 期

[18] 魏靖．"秘密花园"生命体验德育课程探究——以山东省济南泉景中学小学部为例 [J]．中国校外教育，2020，第 7 期

[19] 张红蕾，陈秀丽．"四位一体"：构建德育课程新体系 [J]．辽宁教育，2020，第 6 期．

[20] 孟娟，印宗祥．积极心理学：批判与反思 [J]．心理学探新，2016，第 2 期．

[21] 戚新苏. 一门人类幸福的学科——和老师们谈《积极心理学》[J]. 教育界，2016，第 23 期

[22] 任静. 积极心理学的意义及发展趋势分析 [J]. 长江丛刊，2016，第 5 期

[23] 姜英兰. "积极心理学"是把神奇的钥匙 [J]. 新课程 ( 小学版 )，2016，第 8 期

[24] 王苗苗. 浅析积极心理学 [J]. 科教导刊 ( 电子版 )，2016，第 5 期

[25] 黄贵. 谈积极心理学在班主任工作中的运用 [J]. 中学教学参考，2016，第 30 期

[25] 陈曼. 积极心理学对大学生思想政治教育的借鉴作用 [J]. 河北能源职业技术学院学报，2016，第 16 卷，第 3 期

[26] 汤叶舟. 积极心理学与大学生心理健康教育 [J]. 文化学刊，2016，第 6 期

[27] 杨艳波. 积极心理学视角下高校心理咨询的思考 [J]. 嘉应学院学报，2016，第 34 卷，第 6 期

[28] 赵玉娥，袁敏. 初探积极心理学在教育中的应用 [J]. 中华少年 . 科学家，2016，第 23 期

[29] 张新卫. 积极心理学团体辅导在艾滋病预防控制中的应用 [J]. 健康教育与健康促进，2014，9(02)：116-118.

[30] 冉雨琴，赵丽涛. 积极心理学视角下大学生团体辅导研究的元分析：成果与展望 [J]. 校园心理，2018，16(04)：284-286.

[31] 韩力争. 积极心理学视角贫困大学生心理成长研究综述 [J]. 南京财经大学学报，2014(05)：94-98.

[32] 林凡. 积极心理学视野下高校团体辅导式班会模式探析 [J]. 武汉纺织大学学报，2015，28(01)：78-80.

[33] 廖冉，夏翠翠，蒋索. 积极心理团体辅导促进新生心理健康的干预研究 [J]. 心理技术与应用，2015(04)：49-52.